이 책은 산업과 경제, 사회를 가로지르는 단기적이고 장기적인
나의 예측을 공유할 수 있게 해 주었다. 이 책을 통해 손에 쥘 중요한 메시지가
있다면 코로나19로 심각한 인명 피해와 손실이 발생한 가운데서도
기회는 존재한다는 것이다.

미래는 불확실하다. 그럼에도 인간 본성, 기술 발전, 역사적 트렌드 등과
미래에 대한 우리의 기대가 어떻게 일치하는지 한번 생각해 볼 필요가 있다.

먼 미래에 더욱 중요해질 것들이 무엇인지 아는 것만큼이나
머지않은 미래에 가장 중요한 것이 무엇인지 아는 것이 중요하다.

코로나19로 인해 한 가지 공공연한 비밀이 드러났다.
바로 지식 노동자로 산다는 것, 기술을 통해 원격으로 업무를
처리할 수 있다는 것은 직업 종말의 시기에 살아남는 방법이 된다는 것이다.

코로나
이후의 세계

옮긴이 박성현

서울대학교에서 외교학 석사 학위를 받았다. 트럼프 대통령 탄핵 결의안이 가결되면서 미국이 한창 떠들썩하던 당시 행정명령이 보여 주는 미국의 대통령 권력을 정치 제도 안에서 설명한 연구로 논문을 썼다. 관심 분야는 미국 정치, 정치 제도, 정치학 방법론이다. 북한인권정보센터와 리홉　등 NGO에서 인턴을 하며 연구서를 번역하였다.
sunghyunpark95@gmail.com

코로나 이후의 세계

펴낸날 2020년 5월 30일 1판 1쇄
　　　　2020년 9월 10일 1판 8쇄

지은이_제이슨 솅커
옮긴이_박성현
펴낸이_김영선
기획_이영진
교정·교열_이교숙, 남은영
경영지원_최은정
디자인_현애정
마케팅_신용천

펴낸곳 (주)다빈치하우스-미디어숲
주소 경기도 고양시 일산서구 고양대로632번길 60, 207호
전화 (02) 323-7234
팩스 (02) 323-0253
홈페이지 www.mfbook.co.kr
이메일 dhhard@naver.com (원고투고)
출판등록번호 제 2-2767호

값 14,800원
ISBN 979-11-5874-075-7

이 도서의 국립중앙도서관 출판예정도서목록(CIP)은 서지정보유통지원시스템 홈페이지(http://seoji.nl.go.kr)와 국가자료공동목록시스템(http://www.nl.go.kr/kolisnet)에서 이용하실 수 있습니다.(CIP제어번호: CIP2020019055)

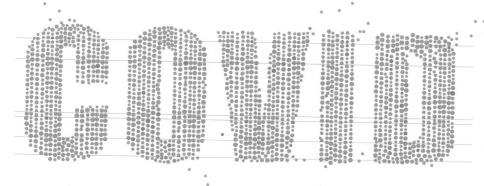

블룸버그 선정
세계 1위 미래학자
제이슨 솅커의 미래예측

코로나
이후의 세계

제이슨 솅커 **지음**
박성현 **옮김**

미디어숲

코로나19 이후의 미래를
준비하는 이들에게

코로나19 시대에
대응하는 자세

코로나19 팬데믹으로 비즈니스와 경제 그리고 사회는 유례없는 충격을 입었다. 앞으로 미래는 어떻게 되는 것일까? 나는 미래학자로서 코로나19 이후에 닥칠 미래에 대한 견해를 제시하고자 한다.

이 책을 쓴 가장 큰 목적은 코로나19 팬데믹 사태가 노동, 교육, 보건, 공급망을 비롯한 열다섯 가지가 넘는 핵심 분야와 산업에 가져올 잠재적이고 장기적인 중요한 변화와 과제, 기회가 무엇일지 탐색하기 위해서다.

좋은 의미에서든 나쁜 의미에서든 코로나19의 영향은 향후 수년 혹은 수십 년간 그림자를 드리울 것이 분명하다. 우리가 어떻게 일하고 어디에 살며 여러 산업의 모습은 어떠할지, 모든 부분에 코로나 19의 영향을 받을 것이다.

이 책은 퓨처리스트 인스티튜트Futurist Institute의 공인 미래학 프로그램 연구, 강의, 훈련 자료들을 토대로 쓰였으며, 이 책의 일부 주제나 내용은 나의 다른 미래학 저서에서 가져왔다.

나는 코로나19 사태와 관련하여 빠르게 변화하는 국제 정세를 장기적인 기대와 전략으로 통합해 이 책에 담아내고자 했다. 물론 책이 출간되는 과정에서 코로나19의 정세가 변해 일부 상황이나 잠재적인 미래 영향 그리고 주제의 연관성이 조금 달려졌을 수도 있다.

코로나19에 대한 국제 정세가 급변하는 상황에서 책을 쓰는 게 다소 부담되었지만, 충분히 해 볼 만한 가치가 있었다고 믿는다. 코로나19 팬데믹 발발로 인한 질병의 확산, 의료 서비스의 과부하, 경기 침체, 근무 형태나 소비 습관의 변화 등 잠재적이고 장기적인 영향을 생각할 때 우리는 미래학자처럼 사고해야 하기 때문이다.

어떠한 책도 홀로 완성되지 않는다. 이 책 한 권이 나오기까지 편집, 파일 전환, 디자인, 프로젝트 기획 등 많은 노력이 필요했다. 팀 없이는 할 수 없는 일이다. 책의 집필부터 출간까지 함께한 퓨처리스트 인스티튜트와 프레스티지 프로페셔널 퍼블리싱Prestige Professional Publishing 직원들에게 감사 인사를 전하고 싶다. 그리고 책이 출간되

도록 애써 준 나우팔 파텔 국장에게 특히 감사를 전한다.

또한 표지를 위해 멋진 작품을 선사한 케리 엘리스에게 감사를 전한다. 표지를 보면 의료진 이미지를 한 아틀라스가 세계를 떠받치고 있다. 코로나19 팬데믹이 갖는 심각한 본질을 전달하고 이것이 얼마나 세계적인 비극이자 부담인지—특히 의료진과 보건 전문가들에게—보여 주길 원했다. 우리의 아틀라스는 단지 마스크뿐 아니라 수술복을 착용하고 있는데 그 뒤로는 낙관적 미래를 보여 주는 빛이 비치고 있다. 케리에게 많은 요구를 한 것 같기도 하고 사실 또 그랬지만, 그녀는 완벽하게 해냈다. 케리에게 감사하다.

무엇보다도 학업과 커리어, 기업가와 작가로 보낸 시간 동안 지지를 보내 준 내 가족에게 고맙다는 말을 전하고 싶다. 사랑하는 아내 애슐리 셍커Ashley Schenker가 지지해 준 데에 가장 고마움이 크고, 나의 멋진 부모님 재닛 셍커와 제프리 셍커에게 감사함을 전한다. 가족이 보내 준 정서적 지지와 편집 조언들은 말로 다 할 수 없는 힘이 됐다. 책을 출간할 때면 매번 말도 안 되게 가족이 더 바쁘게 된다. 가족들에게 그리고 이 과정에 도움을 준 모든 이들에게 감사의 말을 하고 싶다.

끝으로 이 책을 구매하신 분들께 감사하다. 이 책이 불확실한 시대에 좋은 나침반이 되기를 바란다.

제이슨 셍커

c o n t e n t s
차례

1장

코로나 이후의 미래

미래에 닥칠 위험에 대비하라

"미래에 닥칠 위험을 관리하기 위해 준비하고 대비할 기회를 놓치지 않는다면 코로나19 팬데믹은 반면교사가 될 것이다. 코로나19 이후에도 미래가 있기 때문이다."

지난 두 달간 벌어진 일들이 흡사 2001년 9·11 테러 사태와 닮았다는 생각이 들었다. 코로나19로 사람들은 마치 9·11 사태 때와 같은 두려움에 사로잡혔다. 시간이 지날수록 여행을 가거나 밖에 나서길 두려워하고 있다. 사태가 좋지 않게 끝날 것만 같은 기분이 들기도 한다.

하지만 결정적으로 두 사건 사이에는 몇 가지 중요하고도 긍정적인 차이가 있다.

오늘날 경제는 이러한 혼란에도 불구하고(적어도 부분적으로는) 더 큰 기회를 얻을 가능성이 있다. 쇼핑과 소비가 전자 상거래로 이뤄지기 때문이다. 미국 경제의 70% 이상이 민간 소비로 견인된다는 점에서 이는 매우 중요하다.

꼭 필요하지 않은 대면 서비스 직업은 대체로 위태로우며, 이 직업들은 사라질 것이다. 이와 반대로 언택트(비대면) 직업과 공급망과 관련된 직업은 좀 더 생겨날 텐데 이러한 과정은 일정 기간 계속될 것이다. 생각지도 못했던 분야의 직종이 우후죽순 생겨날 준비를 하고 있다.

또 다른 긍정적인 큰 변화는 사람들이 비즈니스 기술의 발전과 혁신 덕분에 원격으로 업무를 볼 수 있게 된 점이다.

'직업의 미래'에 대한 강연에서 나는 종종 고객이나 청중들에게 수십 년이 지나 아이들이 '옛날'에는 직업과 삶이 어땠는지 묻는 상황이 벌어질 거라고 얘기한다. 그 질문에 나는 직장에 출퇴근하는 길을 묘사할 것이고 그러면 아이들은 못 믿겠다는 표정으로 웃으며 말할 것이다. "말이 안 돼요. 못 믿겠어요."

코로나바이러스에 대한 모든 우려에도 불구하고 감사한 한 가지는 전자 상거래와 재택근무가 존재한다는 것이다. 그뿐만 아니라 사람들이 구직을 위해 온라인 교육을 활용하는 데에 거부감이 없고 더 나은 미래를 꿈꿀 의지가 있다는 점에서 희망적이라고 생각한다.

이 책은 산업과 경제, 사회를 가로지르는 단기적이고 장기적인 나의 예측을 공유할 수 있게 해 주었다. 이 책을 통해 손에 쥘 중요한 메시지가 있다면 코로나19로 심각한 인명 피해와 손실이 발생한 가운데서도 기회는 존재한다는 것이다. 그 기회란 가장 어려운 시기에도 장기적으로 공중 보건, 교육, 경제적 결과를 향상할 방법이 있다는 얘기다.

미래에 닥칠 위험을 관리하기 위해 준비하고 대비할 기회를 놓치지 않는다면 코로나19 팬데믹은 반면교사가 될 것이다. 코로나19 이후에도 미래가 있기 때문이다.

커지는 미래학자의 중요성

사람과 조직이 미래를 생각할 때 미래학자들이 주는 도움의 중요성은 갈수록 커질 것이다. 물론 사람들은 제각기 미래학자를 정의한다. 다양한 이들이 자칭 미래학자라고 하는데, 이들은 몇 가지 부류로 나뉜다.

먼저 학술적 미래학자가 있다. 이들은 주로 대학에서 작업하며 학술적 연구들을 생산해 낸다. 이들은 특정한 문제나 산업보다는 전체적인 큰 틀에 관심을 둔다.

두 번째로 광신적 미래학자가 있다. 이들 중 일부는, 미래는 항상 나아질 것이라고 믿는 탓에 미래에 관한 신념이 거의 종교적 낙관주의에 가깝다.

세 번째로 응용적 미래학자가 있다. 여기에 내가 하는 일과 퓨처리스트 인스티튜트의 훈련 프로그램들이 해당한다.

응용적 미래학자란 분석가, 자문위원, 전략가 등으로 활동하는 미래학자를 말한다. 우리는 미래학 이론을 만들고 이를 실무에 적용해 미래에 일어날 대안 시나리오를 찾아 나선다.

나와 같은 미래학자들은 미래에 가장 중요한 지렛대, 동력, 변화 요인이 무엇인지 생각한다. 큰 위험 요인과 기회가 무엇인지 살피고 어떤 트렌드와 변하지 않는 기본 원칙들을 면밀히 조사한다. 변하지 않을 것 같은 큰 테마와 트렌드뿐만 아니라 변화 요인을 살펴보다 보면 미래가 어떻게 펼쳐질지 건설적인 논의를 할 수 있다.

미래는 불확실하다. 그럼에도 인간 본성, 기술 발전, 역사적 트렌드 등과 미래에 대한 우리의 기대가 어떻게 일치하는지 한번 생각해 볼 필요가 있다.

먼 미래에 중요해질 기술에 대한 논의만큼이나 향후 10년간 광범위하게 채택될 만한 기술에 대한 논의가 중요한데, 퓨처리스트 인스티튜트 팀과 나는 이 차이를 "이제 곧"과 "어쩌면 언젠가"의 시간대로 나누어 부른다.

먼 미래에 더욱 중요해질 것들이 무엇인지 아는 일만큼이나 머지않은 미래에 가장 중요한 것이 무엇인지 아는 일도 중요하다.

예를 들어보자. 원격 근무가 좀 더 보편화될 것이라는 기대는 지난 4년간 앞으로 10년을 내다보며 "이제 곧"이라고 이야기하던 일이었다. 하지만 그와 반대로 지구 밖 우주에서 근무하게 될 것이란 기대는 "어쩌면 언젠가"의 시간대에 있는 일이다.

사실 원격 근무에 대해서 "어쩌면 언젠가"로 논의하는 토론을 줄이는 것이야말로 기업이나 조직이 이를 받아들이는 데 중요한 역할을 한다.

트렌드와 기술을 중심으로 한 장기 분석과 전략 기획은 점차 더욱 중요해질 것이다. 그렇기에 장래를 생각한다면 미래학자는 점점 더 중요한 전문직이 되지 않을까.

2장

일자리의 미래

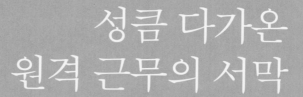

성큼 다가온
원격 근무의 서막

"사무실 자체가 없는 원격 근무 환경으로 빠르게 바뀌면서 일자리 지형에도 변화가 일고
있다. 원격 근무를 할 수 있는 직종의 경쟁력이 세지고 있다."

사람들이 사무실 밖에서 일을 시작한 지는 어제오늘의 일이 아니다.

13여 년 전 내가 2007년 맥킨지McKinsey에서 컨설팅 일을 시작했을 때 맥킨지를 포함해 많은 컨설팅 기업들이 재택근무를 허용했고 사람들은 이미 편안한 개방형 사무실에서 근무했다.

하지만 이 같은 업무 환경의 변화 속에서도 기업들은 사무실 자체가 없는 원격 근무 환경으로 변해가는 것을 원하지 않았다.

나는 2009년 프레스티지 이코노믹스를 설립할 때 이 같은 원격 근무 환경으로 만들려고 했다. 물리적인 사무실 공간이 없었고, 마련할 계획도 없었다. 코로나19 사태가 진행되는 것을 보며 나의 이러한 결정을 통해 "즐거운 것보다는 운이 좋은 편이 낫다(I'd rather be lucky than good)."라는 모토에 더욱 호감을 느꼈다. 팬데믹의 위험성이야 늘 있었다 하더라도 이 정도 규모를 겪는 지금에선 예측하지 못한 뜻밖의 일이라고밖에 할 수 없다.

우리는 이제 분수령에 서 있다. 기업 입장에서 많은 인력이 사무실 밖에서 일할 수 있는 환경이라고 해도 이에 대해 거부감이 강했는데, 이제는 어쩔 도리 없이 받아들여야 하는 상황이 되었다.

일부 기업들은 애초부터 그렇게 운영해 왔다. 그리고 앞으로도 그렇게 운영을 지속하며 관리비를 줄이고 직원들이 좀 더 만족스럽고 유연하게 일할 수 있는 환경을 제공할 것이다.

'그 외 노동자'는 어떻게 될까

원격 근무 환경의 변화 외에도 세 종류의 직업, 즉 세 종류의 노동자들에 대한 새로운 변화가 일어나고 있다.

- 필수 노동자
- 지식 노동자
- 그 외 노동자

먼저 필수 노동자들을 위한 필수 직업이 있다. 이 직업은 사람들이 일터에 나와야 할 수 있는 일들을 말한다. 여기에는 의료, 공공시설, 제조업, 농업, 유통망 그리고 그 외에 경제가 굴러가고 사회 전반의 안정성을 유지하는 데 필수적인 산업들이 해당한다.

두 번째로는 지식 노동자들이 있다. 이들은 사무실 밖에서 업무를 볼 수 있는 인력들이며 기술, 금융, 여타 분야의 많은 산업군이 여기에 속한다. 사무실 밖에서 운영될 수 있는 전문직종 외에도 필수 직업의 사무, 행정, 경영 인력들 또한 사무실 밖에서 일할 수 있다.

마지막으로 세 번째 인력 분류가 있다. 이 분류는 말 그대로 그 외의 노동자들이다. 불행히도 이 부류의 많은 인력이 사무실 밖에서 일할 수가 없고 이런 노동자들은 필수 인력으로 고려되지 않는다.

서비스 기반의 일들이 대표적이다. 식당과 술집, 영화관, 카지노, 미용실, 네일숍 등에서 일하는 노동자들이 여기에 해당하며 전체 숫자로 따지면 정말 많은 수의 일들이 필수적이지 않은 현장 업무 인력으로 분류된다.

경기 침체가 한창인 2001년 나는 종업원이 없는 식당에 앉아 오래도록 주문을 기다려야 했다. 식당 서빙 일은 최소한의 훈련을 받으면 할 수 있고 열심히만 하면 생활을 유지할 만한 소득을 올릴 수 있었다. 하지만 코로나19 팬데믹 시대를 맞은 오늘날 그러한 선택지는 사라졌다.

대학을 졸업하고 코로나19로 얼어붙은 고용 시장에서 상대적으로 제한된 네트워크, 실무 경력, 전문 기술을 가지고 무엇을 할 수 있을지 잘 모르겠다. 아마도 인스타카트Instacart(대신 장을 봐주는 앱)나 우버이츠Uber Eats 같은 배달 유통업이 잠재적 선택지가 되지 않을까.

향후 10년간 급격히 성장할 직종

코로나19 팬데믹을 경험하며 사람들이 의료 분야에서 일하는 것을 고려하고 있을지도 모르겠다. 여기엔 몇 가지 이유가 있는데 누군가에겐 모두가 해당할 수 있다.

먼저 4년제 대학 또는 전문대학의 학생들이 의료 분야 전문직을 선호할 가능성이 커질 것으로 보인다. 코로나19 사태로 인한 경기 침체로 얼어붙은 취업 시장에서 어려움을 겪는 친구들을 보며 전공을 바꿔야 하는지 고민하는 학생도 있을 것이다. 다른 전문직의 일자리가 감소하는 것을 보고 있자면 학생들은 의료 분야야말로 경기 침체에 강한 직종이란 생각이 자연스럽게 든다. 실제로 의료 분야는 그렇다.

의료 분야가 경기 침체에 강한 이유는 『로봇에 준비된 나Robot-Proof Yourself』, 『로봇 시대의 일자리Jobs for Robots』, 그리고 『불황에서 자유롭기Recession-Proof』를 포함해 서너 가지 내 저서에서 자세하게 다루었다.

두 번째로 직장을 잃었거나 잃을 위험이 있는 전문직 종사자들 혹은 장기적으로 좀 더 안정된 직장을 위해 기술이나 전문성을 다시 갖추려는 이들이 커리어 변화를 생각하며 의료 및 보건 분야에 관심을 보일 가능성이 있다.

의료 분야는 수요가 높고 오랫동안 미 노동청 자료에서 향후 10년간 급격히 성장할 직종으로 분류됐다. 인구가 고령화되고 수명이 길어지는 한편 국민 소득이 증가하면서 향후 의료에 대한 수요가 커질 가능성이 있기 때문이다.

세 번째로 대학에 진학하지 않은 이들 중에서 의료 분야에서 종사하길 희망할 수 있다. 팬데믹에 맞서 더 나은 공중 보건에 기여하고자 의료 분야를 선택할 수 있다.

2001년 9·11 테러 사태 이후 자원하여 입대하는 이들이 나왔던 것처럼 애국심과 시민적 의무감을 띠고 소명으로써 의료 분야를 선택할 사람들이 나올 것이라고 본다.

앞서 말한 것처럼 사람들이 의료 분야를 선택하는 이유는 다양하다. 그것은 중간 단계의 커리어에서 취업의 기회를 높이기 위해서거나, 장기적인 직업 전망을 고려하여 혹은 소명에 응답하기 위해서일 수 있다.

사람들이 의료 분야로 들어가는 이유가 무엇이 되었든 경제적 불확실성과 변덕스러운 금융시장, 팬데믹의 위험성과 자동화 시대에 변하지 않을 기회의 직업이자 분야인 것은 분명하다. 그뿐만 아니라 의료 지출은 자기 마음대로 이용하거나 이용하지 않기를 정할 수 있는 영역이 아니다. 병원 치료가 필요하면 어쨌거나 치료를 받아야 한다. 의료 서비스는 국민총생산GDP이나 주식 시장의 상황에 따라 크게 영향을 받는 관광 산업과는 성격이 다르다. 의료 분야는 사람들이 경제 상황과는 상관없이 꾸준히 필요로 할 상수이다.

의료 분야 커리어는 앞으로 오랜 기간 변덕이 없을 것이다. 고령화 인구가 증가하면서 의료 최전선에서 개인 간병 보조원, 정규 간호사, 재택 건강 보조원 등이 좀 더 확대될 것이기 때문이다. 저서 『Jobs for Robots』에서 의료 직종의 성장을 보여 주는 긍정적 전망을 자료로 제시한 적이 있다. 〈도표 2-1〉은 미국 경제에서 의료 직종의 일자리 성장 전망을 보여 준다.

의료 분야는 확실한 승자다. 게다가 산업들이 자동화될 가능성을 고려하더라도 모든 일자리 중에서도 자동화가 쉽지 않은 영역이다.

<도표 2-1> 직종별 최대 신규 일자리 수[1]

직종	신규 일자리 수(2018~2028)
개인 간병 보조원	881,000
음식 준비 및 서비스 직원	640,100
간호사	371,500
재택 건강 보조원	304,800
식당 조리사	299,000
소프트웨어 개발자	241,500
식당 종업원	170,200
총괄 업무 매니저	165,000
건물 관리인 및 청소 인력	159,800
의료 보조원	154,900

출처: 미국 노동청 통계

의료 직종, 그중에서도 사람과 긴밀히 접촉해야 하는 일들은 여러 경제 분야에서 자동화가 이뤄진다고 하더라도 충격에 탄력적이다.

장기적인 관점에서 직업을 고려한다면 이는 결코 무시할 수 없는 요소다. 결과적으로 미래에는 자동화로 인해 많은 직업이 사라질 것이다. 이는 <도표 2-2>에서 보여 주는 직업별 일자리 전망을 개선하거나 악화하는 동력이 된다.

가장 큰 성장 잠재율을 보이는 직업군을 살펴보면 의료 분야가 다시 1등임을 확인할 수 있다. 의료 서비스는 필요한 것이지 원하는 것이 아니며, 자동화하기 어려울뿐더러 의료 분야를 선호할 만한 인구 분포가 자리 잡고 있다. 의료 분야는 필수 그 자체다. 무슨 말이 더 필요하겠는가.

<도표 2-2> 가장 전망이 좋은 의료 일자리[2]

가장 빠르게 성장하는 직업(2018~2028)	
직업	성장률(2018~2028)
태양광 발전기 설치기사	63%
풍력 발전용 터빈 기술자	57%
재택 건강 보조원	37%
개인 간병 보조원	36%
작업 치료 보조사	33%
정보 보안 분석가	32%
보조 의사	31%
통계학자	31%
임상 간호사	28%

출처: 미국 노동청 통계

변화는 유일한 상수다

미국의 노동 시장은 항상 변화해 왔다. 〈도표 2-3〉은 그 변화를 잘
보여 준다. 1800년대 중반 대다수는 농업에 종사했다. 오늘날 농업
직종은 전체 미국 노동 인구의 2%에도 미치지 못한다.

하지만 농업 외에도 커다란 변화가 있었다. 불과 몇 년 전만 해도
아무도 예상하지 못한 유통망 같은 일부 분야가 폭발적으로 성장한
것과 더불어 제조업은 1970년대 정점을 찍은 이후 계속 떨어졌다.
〈도표2-4〉는 지난 20년간 공급망 관련 직업이 꾸준히 성장했음을
보여 준다. 공급망은 자동화에 대한 필요만큼이나 인력에 대한 수요
가 많은 분야다.

<도표 2-3> 미국 노동 시장[3]

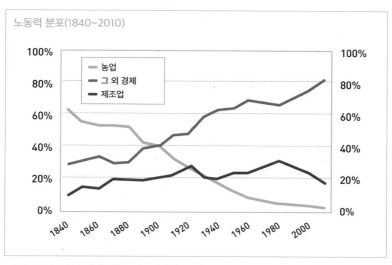

출처: NBER, FRED, 세계은행, 프레스티지 이코노믹스

코로나19 팬데믹에 대응하는 과정에서 AI나 로봇, 자동화에 관한 거대한 수요가 존재한다는 사실이 밝혀졌다. 특히 공급망에서 그렇다. 공급망은 경제의 생명줄과 같다. 여러 군데 분산되어 있는 적은 재고에도 불구하고 소비자의 수요를 충족시키기 위해 공급망의 자동화 기술은 그 기능의 한계를 시험받곤 했다.

코로나19 팬데믹으로 전자 상거래는 중대한 전환점을 맞았다. 이제 전자 상거래는 편의의 문제가 아니라 필수품이 되었다. 향후 그 입지는 훨씬 더 분명해질 것이다. 공급망의 경제적 수요를 사람들로만 모두 충당할 수 없기에 자동화는 필수적이다. 그런데도 앞으로 다가올 수십 년간 공급망에 종사하는 사람들은 계속해서 늘어갈 것이다.

<도표 2-4> 공급망 일자리[4]

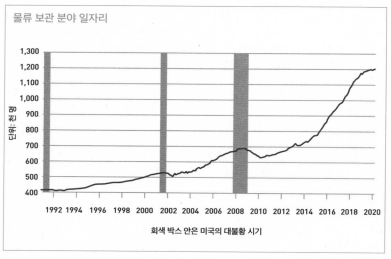

출처: 미국 노동청 통계, FRED

지식 노동자와 원격 근무

의료 분야와 공급망 그 이상으로 첨단 기술이 접목된 직업, 원격으로 업무를 처리할 수 있는 직업은 고용 시장에서 상당한 경쟁력과 가치가 있다. 이런 직업은 이미 우리 사회 곳곳에서 찾을 수 있는데, 코로나19로 인해 한 가지 공공연한 비밀이 드러났다. 바로 지식 노동자로 산다는 것, 기술을 통해 원격으로 업무를 처리할 수 있다는 것은 직업 종말의 시기에 살아남는 방법이라는 사실이다.

재택근무 직업이 갖는 부가 가치는 분명하다. 직장인들에게 재택근무는 시간, 연료 및 기타 비용의 지출을 줄여 준다. 고용주로서는 사무실 공간, 주차 공간, 장비 시설, 사무실 용품 등 다양한 지출이 줄어 비용 절감으로 이어진다. 물론 기업을 공격하는 사이버 안보 위협에 노출된다거나 지식 인프라가 분산된다는 우려가 있지만, 사람들이 재택근무를 할 때 여러 면에서 안정성이 훨씬 높다.

2009년 창립 이래로 프레스티지 이코노믹스에서 근무하는 직원들은 전부 재택근무를 했다. 사무실이 애초에 필요하지 않았기에 따로 사무실 공간이 없었다. 재택근무에서 내가 중요하게 신경 쓰는 한 가지가 있다면 직원들이 시간을 준수하며 업무를 완성도 높게 끝마치느냐 하는 것이었다.

미래의 전문직을 살펴보면 원격 업무를 기반으로 한다. 의료 서비스, 유통망, 제조업, 무역 등은 여전히 현장에서 일할 노동자가 많이 필요하다. 하지만 비즈니스 직업과 전문가의 역할은 대부분 온라인화가 될 것이다. 오래도록 이 같은 조짐을 보였다. 의료 서비스업, 유통업, 원격 직업에 대한 사회·경제적 선호가 커졌고 코로나19는 이를 성큼 앞당겼다. 코로나19 팬데믹이 종식된 이후에도 이 직업들은 장기간 선망의 직업이 될 것이다.

3장

교육의 미래

온라인 교육의
세 가지 트렌드

"교육 길드 시스템을 해체함으로써 교육에 들어가는 중간 단계 비용이 사라지고,
온라인 플랫폼을 통해 보다 많은 이들을 교육하며, 학습 경험을 향상할 기회가 있다."

교육의 미래는 온라인이다. 오래전부터 미래 교육에 대해서는 그러리라 예측했다. 이 점에 대해서는 전문가로서 믿음이 있다. 앞으로도 그 믿음에 변함은 없을 것이다.

나는 2017년 출간된 저서 『Jobs for Robots』에서 온라인 교육이 어떻게 훨씬 더 나은 사회로 나아가는 기회가 되는지 그리고 자동화가 확산되는 추세 속에 소외되지 않는 노동자를 육성하는 데 교육이 얼마나 강력한 도구가 되는지 이야기한 적이 있다.

온라인 교육이 대세다.

온라인 교육이 뜨기 시작하면서 그 추세는 한동안 가속화되었는데 이제 코로나19 사태로 거의 모든 학생이 교실을 벗어나 온라인으로 수업을 듣는 것이 일상이 되었다. 이러한 변화는 초·중·고교 및 대학, 전문 교육, 그리고 정규 및 비공식 교육 등 너 나 할 것 없이 모든 부분에서 마찬가지다.

물론 특히나 링크드인 러닝Linkedin Learning처럼 온라인 플랫폼 강의가 상당한 성장세를 보였고 온라인 대중 공개강좌(Massive Online Open Courses, MOOC)와 동시 대중 온라인 강좌(Simultaneous Massive Online Courses, SMOC)의 전반적인 추세 역시 오랫동안 증가해 온 것이 사실이다. 그렇다고 이러한 추세가 비정규 교육에 국한된 얘기는 아니다.

오히려 모든 강좌가 앞으로 성장할 가능성이 크다.

일반적으로 하나의 현상이 일반화되기까지 시간이 필요하고 이후 일정 분기점을 넘어서면 가속화되는 경향을 보인다. 온라인 교육 또한 지금 바로 그 분기점에 와 있는 것처럼 보인다. 현재의 경험만으로도 고등 교육의 미래는 물론 모든 형태의 교육을 영원히 바꿔 놓을지도 모른다.

다른 저서에서 나는 어떻게 캠퍼스에 한 번도 나가지 않고 3학기의 석사 과정을 온라인으로 마칠 수 있었는지 이야기한 적이 있다. 그 석사 과정에는 온라인상으로 진행한 조별 과제 및 그룹 프로젝트뿐 아니라 원격으로 내 석사 논문을 심사받은 것까지도 포함한다. 불과 2014년부터 2016년까지의 일이었다.

더구나 오늘날 기술은 훨씬 진보했다. 사람들을 위한 기술은 현재 더 좋아졌다. 컴퓨터는 좀 더 빨라지고 스마트폰은 좀 더 스마트해졌다. 내가 온라인으로 석사 학위를 마친 이후로 성공적인 온라인 교육에 필요한 기술들은 급속도로 좋아졌다.

코로나19 팬데믹의 경험을 통해 교육의 미래에서 세 가지 중요한 변화가 일어날 것으로 보인다. 여기서 세 가지 중요한 변화는 기술 등장으로 중세 유럽의 동업자 조합인 길드 시스템의 해체에 일조한 산업들에서 나타난 변화와 같다고 할 수 있다. 교육 특히나 대학 수준 이상의 교육은 일종의 길드 시스템이라 할 수 있다.

학사, 석사, 박사 학위를 따는 방식이 전부 이 길드 시스템에 근거하고 있다. 교육의 시스템이 중세의 도제식 교육생, 숙련된 장인, 명장의 구조를 바탕으로 한 것이다.

이 세 가지 수준의 학위들은 기사단이나 중세 공식 학위에서 보던 것들과 유사하다. 그 정점에 있는 박사 과정은 그 학위 논문이 한 분야의 마이스터(명장)가 되게 하는 마스터피스Masterpiece를 본 따 만들어졌다. 교육 분야에서 사용하는 용어의 차이는 있지만 고등 교육의 구조는 여전히 그 본질이 중세 시대의 길드와 같은 것이다.

역사적으로 길드 구조는 많은 직업과 학제의 진입을 막는 장애물이 되었다. 온라인 교육은 강의 자료나 교육 콘텐츠의 범위를 대폭 확장함으로써 전통 학문과 학교 내 길드 구조를 위협할 어마어마한 잠재력을 가지고 있다.

나는 앞으로 수년간 온라인 교육의 확산이 점점 더 가속화될 것이라 예상한다. 온라인 교육 추세로 온라인 이전 시기에 비해 그 어느 때보다 많은 사람이 교육 혜택을 누릴 것이다.

교육의 세 가지 트렌드

핀테크에서 발견한 세 가지 트렌드—금융 중개 탈피, 민주화, 사용자 경험의 향상—는 교육의 미래에도 같은 영향을 끼칠 것이다.

첫 번째 트렌드는 교육 길드 시스템을 해체함으로써 교육에 들어가는 중간 단계 비용이 사라진다는 점이다. 두 번째 트렌드는 온라인 플랫폼에 대한 접근을 민주화하는 것인데, 다시 말하면 시스템을 보편적으로 만들어 보다 많은 이들을 교육하는 것이다. 세 번째 트렌드는 학습 경험을 향상할 기회가 있다는 것이다.

대학이나 대학원이라 하면 사람들은 대부분 공부하기에 좋은 환경 여건들이 유기적으로 잘 갖춰진 도심 속의 전형적인 캠퍼스를 떠올린다. 하지만 이젠 그러한 이미지에 아주 큰 변화가 있을 것이다.

근래 들어 중소형 대학들이 재정난을 겪고 있다. 불경기에 온라인 교육 확산까지 겹쳐 부실 대학들은 머지않아 문을 닫을 수밖에 없을 것이다.

일부 소규모 리버럴 아트 칼리지Liberal Arts College(대학원 과정 없이 학부 중심의 대학교-옮긴이)나 온라인 교육 확대를 거부하는 학교들은 폐교할 일이 생기더라도 대형 학교들은 이것을 굉장한 기회이자 자신들의 시대적 소임으로 보고 변화를 따라가거나 확대해 갈 것이다. 결과적으로 온라인 교육을 확대해 보다 많은 사람이 교육의 혜택을 누릴 수 있을 것이다. 그리고 이러한 대학 교육의 변화 추세는 등록금을 합리적인 수준으로 낮출지도 모른다.

기억해야 할 사실은 많은 사람이 교육 분야에 종사하려는 이유가 사람들을 가르쳐 배우게 하기 위해서라는 것이다. 초등, 중등, 고등 및 전문 교육 영역 어디서나 마찬가지다.

그렇기 때문에 교육의 효과만 보장된다면 교육자는 좀 더 많은 사람을 도울 기회가 있는 온라인 교육을 현재의 오프라인 교육보다 더 큰 소명으로 생각할 수 있다. 다만 학습자의 수가 늘어나면 교육의 질이 떨어질 수도 있는 것이 한 가지 결정적인 우려 사항이다.

하지만 코로나19로 인해 온라인 교육으로 전환되고 학습자 수가 급격히 늘어났다는 사실만으로 양질의 효과적인 교육이 불가능한지는 지켜볼 일이다. 교육의 효과가 여전하다면 대규모 명문 학교에서 온라인으로 강의를 듣는 학생들을 획기적으로 늘려 결국엔 중간 단계 비용을 줄일 수 있을 것이다.

전체 인플레이션을 앞지른 교육 인플레이션[1]

교육비는 다른 비용을 크게 앞질렀다. 미국의 소비자물가지수 인플레이션 데이터의 교육 하위 지표들을 살펴보면 전체 소비자물가지수에 비해 교육 인플레이션이 앞선 것을 확인할 수 있다.

〈도표 3-1〉에서 교육 비용이 거의 항상 전체 인플레이션에서 전년 대비 평균 성장률을 앞지르고 있다. 큰 변수 없이 이러한 추세가 지속한다면 두말할 나위 없이 교육의 경제성과 접근성 면에서 지속 불가능한 것으로 판명이 날 것이다. 온라인 교육이 폭발적으로 채택될 것으로 보는 이유 중 하나다.

저비용으로 보다 많은 사람이 교육을 받고 경쟁할 기회를 얻는다면 대학 교육 내 길드는 무너지고 중간 단계 비용 또한 사라질 수 있다. 따라서 결과적으로 좀 더 많은 사람이 중요한 교육, 필요한 교육을 받는 등 사회 전체에 방대한 혜택을 줄 것이다. 『Jobs for Robots』에서 나는 온라인 교육을 손바닥 안의 작은 교실에 비유하며 이야기한 바 있다. 이것이 한동안 잠재성을 지닌 데 머물러 있었지만 이제 이전의 한계를 뛰어넘어 도약할 것이다.

그러한 이유로 나는 2016년 퓨처리스트 인스티튜트를 설립했다. 우리의 강좌 프로그램을 온라인으로 운영한 것도 같은 이유에서다. 그리고 이제 우리 기업은 저비용으로 최대한의 학습자들을 수용할 역량을 갖추게 되었다.

<도표 3-1> 교육 소비자물가지수[2]

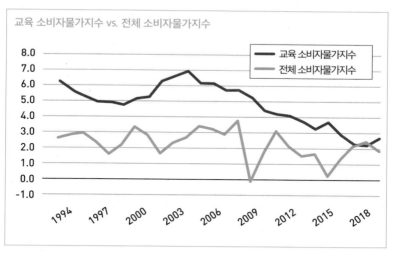

출처: 퓨처리스트 인스티튜트, FRED

이것은 사업을 운영하는 원리이며 대학은 비영리 기관이지만 여전히 비즈니스다. 종국에는 대학도 예산의 균형을 맞춰야 하고 주어진 일을 해야 할 사명도 있다. 대학의 사명이라면 이윤을 생각하는 것이 아니라 가능한 한 많은 수의 사람들에게 효과적인 교육을 제공하는 일일 것이다.

일자리의 미래를 생각할 때 교육의 이러한 특징은 특히 중요해진다. 재택 노동이나 업무를 원격으로 처리하는 직장인들에게 교육의 문턱을 낮추는 것은 성공의 아주 중요한 전제조건이기 때문이다. 다시 말해 당신이 지식 노동자라면 효과적으로 온라인 업무를 수행하기 위해 높은 수준의 기술과 교육이 필요하다.

코로나19 팬데믹 이후 위 두 가지 변화는 맞물려 진행될 것이다. 사람들의 교육에 대한 열망은 크게 높아질 것이다. 그런 직업이야말로 팬데믹에 강한 직업들이기 때문이다. 그런 직업들은 앞으로 수요가 계속해서 증가할 것이고, 그 말인즉 교육에 대한 수요 역시 덩달아 오를 것을 의미한다. 유망한 지식 노동자와 대학들이 온라인 교육이라는 돌이킬 수 없는 강을 건널 것이다.

대학은 이전에 비해 어떻게 하면 보다 많은 사람을 보다 효과적으로 가르칠 수 있을지 고민하는 한편 좀 더 범위가 확장된 교육의 사명을 감당할 방법을 계속해서 찾아낼 것이다.

중간 단계 비용이 사라지고 보다 많은 이들에게 교육의 기회가 돌아가는 트렌드 외에도 사용자 경험이 향상됐다는 것은 마지막으로 주목할 중요한 트렌드다. 이 트렌드에서 기술이 지렛대가 될 수 있음을 알 수 있을 것이다.

위태로운 명문 대학

교육에서 중간 단계 비용이 사라질 것을 예측하는 이유 중 하나는 한 학기에 수천만 원의 대학 등록금을 감당하던 학부모 또는 학생들이 온라인을 통한 원격 수업만으로도 같은 교육을 받을 수 있다는 것을 깨닫게 될 것이기 때문이다.

학부모나 학생들에게 이는 충격적인 경험이어서 정규 대학 과정 대신 빠르게 과정을 마칠 대안을 찾거나, 꼭 교육적 가치 때문에 명문 대학에 가는 것은 아니라고 학교를 다시 생각할 수 있다.

사실 엘리트 교육을 찬성하는 가장 큰 이유는 엘리트 교육을 통해 특수한 인적 네트워크를 가질 수 있다는 데 있다. 그러나 원격 교육을 하면 네트워크는 훨씬 더 느슨해진다. 이미 오래전부터 엘리트 고등 교육 기관들은 온라인 과정을 제공해 오고 있다.

하버드대학은 1910년부터 평생교육원을 운영하고 있고, 제공하는 온라인 강좌와 학위 프로그램의 비용은 하버드대학의 정규 과정 비용의 극히 일부분에 지나지 않는다. 물론 정규 과정과 평생교육원 프로그램 간에는 차이가 있다. 그렇다고 그 차이가 대부분 사람들에게 크게 중요하지는 않아 보인다. 어쨌든 하버드대학이지 않은가.

하버드대학만이 온라인 강좌, 원격 수업, 온라인 인증 프로그램 및 기타 프로그램들을 제공하는 것은 아니다. 나 또한 MIT와 카네기멜론Carnegie Mellon 대학에서 온라인 인증 프로그램들을 수료했다. 수업을 듣는 이유 중 교육 내용을 가장 중요하게 생각한다면 온라인 강의는 효과적인 수단이 될 수 있다.

물론 온라인 강좌가 네트워킹이라는 엘리트 기관의 가장 큰 잠재적 목적을 놓치고 있는 건 사실이다.

온라인 강좌든 원격 강의든 혹은 온·오프라인 혼합형 강의든 코로나19 팬데믹에 따른 교육의 미래는 결정적으로 두 가지 결과를 가져올 것이다.

코로나19 팬데믹으로 전체적으로 교육의 혜택을 받는 비율이 증가할 것이다. 하지만 그와 동시에 온라인으로 진행되는 강좌 수 역시 기하급수적으로 증가할 것이다. 사람들은 학비가 너무 비싼 일부 고급 교육에 대해 반발할 것으로 보인다.

과거에는 사람들이 교육에 비싼 가격을 지불할 용의가 있었다. 그랬을 때 보장되는 확실한 네트워크가 있었기 때문이다. 아무리 온라인 강좌에 네트워크적 요소를 넣어 구상하고 설계해 제공한들 온라인 강좌만으로 영향력 있는 교수, 이론가, 수상자 그리고 훗날 미래 지도자가 될 동료들과 장기적인 관계를 맺어가기란 쉽지 않다. 사람들이 네트워크를 첫 번째 가치로 여기고 교육을 그다음으로 생각한다면 리버럴 아트 칼리지뿐 아니라 명문 대학들의 학비 또한 약간의 가격 하락을 겪을 수밖에 없다. 그리고 학생들은 네트워크를 위해 학교 밖으로 대체할 만한 경험을 찾아 나설 것이다.

장담할 수는 없지만 비싼 비용을 지불하고 듣는 온라인 강의를 유튜브 보듯 수강하는 자녀들을 보며 학부모들이 어떻게 생각할지 상상해 보라. 이는 예상할 만한 부작용 중 하나이다.

기술 지원이 창출할 가치

기술 지원으로 교육 비용은 낮아지고 사람들의 경쟁력은 높아질 것이다. 오늘날 기술은 교육에 대한 보편적 접근을 보다 확대하고 학습자에게 좀 더 나은 경험을 제공할 거대한 가능성을 갖고 있다.

게다가 기술 지원은 시간이 지날수록 퇴보 없는 진전을 거듭할 것이다. 대학들이 2020년 봄 학기 내내 문을 닫으면 사용자들의 온라인 교육 경험을 개선할 기술 지원은 점점 더 중요해질 것이다. 이 책을 쓰는 시점에서 2020년 연말까지 문을 닫기로 한 대학들이 꽤 된다. 문을 닫은 학교들은 면대면 강의를 여름학기와 가을학기 모두 취소하기로 했다.

온라인 전환 조치의 일환으로 강의 도구, 훈련 자료, 보다 밀도 있는 학습을 도와줄 원격 자료들 전반에 커다란 투자가 이뤄질 것이고 교육에 IT 기술이 접목된 에드테크EdTech에 대한 투자가 늘어날 것으로 보인다. 에드테크를 활용한 온라인 수업 모델에 학생과 교사들이 한번 익숙해지면 이러한 기술들에 대한 활용도는 큰 폭으로 증가할 것이다.

독일 속담에 "농부는 자기가 모르는 것은 먹지 않는다."라는 말이 있다. 의료나 교육 분야 같은 길드 산업들이 수 세기에 걸쳐 전통의 기반을 다진 까닭에 실제로 그 길드 안으로 진입하려면 많은 어려움이 따른다. 설령 기술에 몰입하고 기술을 받아들이는 분야라 하더라도 반드시 기술 친화적이지는 않기 때문이다.

향후 수십 년 혹은 그 이상으로 기술이 길드에 가져올 충격으로 인해 어쩌면 몇 가지 변화가 나타날 수 있다. 코로나19라는 독특한 상황에서 우리는 부족한 의료 인력을 절감하고 온라인 교육과 원격 업무의 잠재력이 엄청난 빛을 발하고 있음을 보았는데 이 모든 상황은 앞서 말한 잠재적 변화들을 가속화할 수 있다.

변화의 기회는 지역 단위로 이뤄질 수 있다. 내가 사는 텍사스주에서는 '6030 운동'이 있다. 6030 운동은 25세에서 34세 사이의 텍사스 주민 중 60%가 2030년까지 대학 교육 과정, 학위 또는 인증 프로그램을 이수할 수 있게 하는 것이다. 불가능한 계획처럼 보이지만 꼭 필요하다. 텍사스 경제가 다음 성장 단계로 넘어갈 때 원격 업무 기반이면서 자동화 추세에 덜 영향을 받는 직업들이 중요하기 때문이다. 그리고 이런 직업군이야말로 교육과 숙련 기술이 필요하다.

직업 훈련, 정규 및 비정규 교육, 평생 교육 등은 모두 온라인 교육에 힘입어 성장할 가능성이 있다. 코로나19 대응의 여파로 온라인 교육이 부상하면서 텍사스주가 6030 운동을 달성할 가능성은 더욱 커졌다.

코로나19 팬데믹이 긍정적이라는 말을 하고자 하는 게 아니다. 팬데믹은 절대 긍정적일 수 없다. 끔찍한 일이자 재앙이다.

하지만 어둠 속 한 줄기 빛이라도 찾는 심정으로 코로나19가 가져온 경제 및 사회의 영향 가운데는 장기적으로 좀 더 많은 인구가 교육의 혜택을 누리게 되고 향후 수십 년간 고도로 준비된 노동자들이 시장으로 나올 것이란 이야기다.

경제적 관점에서나 인구 구성의 안정성 측면에서나 이는 아주 값진 결과다. 공중 보건의 관점에서 보자면 의료 분야는 심각한 인력난으로 인력 보충이 절실한데 온라인 교육이 앞으로 인력 수급을 돕게 될 것이다. 미래가 예상한 대로 변화한다면 장기적으로 공중 보건은 크게 향상될 것이다.

주제가 '일자리의 미래'와 '보건의 미래'에 더 가깝지만 교육의 미래를 생각할 때 정말 중요한 부분임이 틀림없다. 미래의 교육은 경제, 인력, 공중 보건 등의 필요와 교육 역량 사이를 잇는 다리를 놓아서 여태껏 넘어서기 힘들고 꽤나 까다로운 간극을 많은 인력이 넘나들 수 있을 것이다.

내가 생각하는 미래는 훨씬 더 낙관적이다. 시간이 지나 노동 인력의 교육 수준이 높아지고 보건 및 생명과학 분야에 지원하는 학생들이 늘어나면서 공중 보건의 수준은 향상될 것인데 그렇게 되면 결과적으로 공중 보건 및 경제에 장기적으로 잃는 것보다 얻는 것이 훨씬 많아진다.

다시 말하지만 코로나19 사태 그 자체에서는 긍정적인 구석을 찾을 수 없다. 그럼에도 장기적 영향을 예측해 보면 비극적 팬데믹 사태와 잇따른 경제 위기 속에서도 가치 있고 긍정적인 요소를 발견해 낼 수 있을지 모른다는 희망이 헛되지만은 않다.

홈스쿨링에 미친 영향

마지막으로 학생들이 뜻하지 않게 가정에서 공부하면서 그 경험이 홈스쿨링에 어떤 영향을 미칠까 하는 점에 관해 설명하겠다.

〈도표 3-2〉를 보면 1999년 이후 미국에서 홈스쿨링 추세가 어떻게 되는지 알 수 있다. 5세에서 17세 사이 홈스쿨링 학생들의 절대적 수와 비율 모두 2016년 둔화하기 전까지 꾸준히 증가해서 2012년에는 정점에 달했다.[3]

코로나19로 인해 가정들이 반강제로 홈스쿨링을 하면서 미국 내 전체 홈스쿨링 인구는 증가할 것으로 보인다. 결과적으로 새로운 경험이 많은 이들에게 공유되면서 몇몇 학생들에게는 더 높은 교육 성과로 이어질 수도 있다.

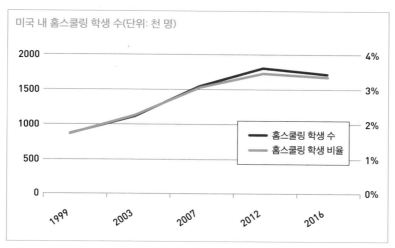

<도표 3-2> 교육 소비자물가지수[4]

출처: 미국 교육부, 퓨처리스트 인스티튜트

　홈스쿨링 학생 수가 반드시 늘어나리라고 보장할 수는 없지만, 그럴 개연성이 상당히 높다. 새로운 변화를 반기는 학생과 학부모가 나타나 교육의 트렌드를 바꿔 놓을 수도 있기 때문이다.

　게다가 자녀의 교육 성과를 시스템에 의존해 온 가정의 경우 더는 코로나19라는 통제되지 않는 현실 속에서는 시스템을 믿을 수 없다는 것을 깨달았을 것이다. 많은 사람이 학교가 안전하고 타격을 입지 않는 기관이라 생각해 학교를 중심으로 인생을 설계했지만, 이제는 위험에 덜 노출되는 선택지를 더 선호하는 식으로 선회할지 모른다.

　한편 이미 홈스쿨링을 하는 어린 학생들은 코로나19로 홈스쿨링이 아닌 다른 방식을 생각할 여지가 더 줄어들었다. 홈스쿨링 학생들은 공립 학교, 사립 학교, 대안 학교, 종교 재단 학교 및 여타 다른 형태의 학교 학생들보다 코로나19 여파로부터 조금은 더 안전하다. 유일한 대안으로 남은 선택지를 굳이 버릴 이유가 있겠는가?

학교라는 물리적 건물이 필요한 교육 시스템이 중단된 지금 홈스쿨링 학생이 그 시스템 안으로 돌아간다는 건 그 시스템에 속한 학생들이 홈스쿨링으로 완전히 전환할 것이란 예측보다 가능성이 없는 이야기다. 건물 안 교육 시스템으로는 절대 돌아가지 않을 것이다.

요컨대 많은 변화가 몰려오고 있다. 그리고 원격 수업과 집에서 이뤄지는 면대면 수업은 홈스쿨링 하는 초등학생부터 학부 및 박사 과정 학생에게까지 모든 수준의 교육에서 전방위적으로 이뤄지고 있다.

장기적으로 교육에 대한 접근성이 개선되면 경제 지표 역시 좋아질 가능성이 있다. 역사적으로 보자면 교육은 일자리 격차를 줄이는 데 가장 큰 요인이었다. 〈도표 3-3〉은 미국 노동청이 추산한 2018년도 실업률과 소득 수준 통계를 보여 준다. 통계에서 보이듯 교육 수준은 소득 수준과 양의 상관관계를 가지며 실업률과는 음의 상관관계를 갖는다. 쉽게 말하자면 교육 수준이 높을수록 돈을 많이 벌고 직장을 잃을 가능성이 줄어드는 것이다.

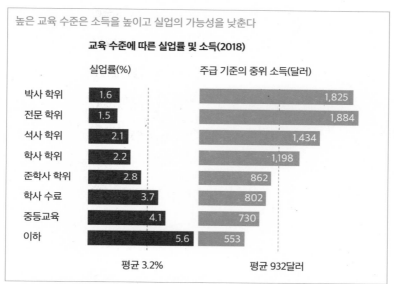

높은 교육 수준은 소득을 높이고 실업의 가능성을 낮춘다

교육 수준에 따른 실업률 및 소득(2018)

	실업률(%)	주급 기준의 중위 소득(달러)
박사 학위	1.6	1,825
전문 학위	1.5	1,884
석사 학위	2.1	1,434
학사 학위	2.2	1,198
준학사 학위	2.8	862
학사 수료	3.7	802
중등교육	4.1	730
이하	5.6	553
	평균 3.2%	평균 932달러

참고: 데이터는 25세 이상 정규직 소득을 기준으로 삼음
출처: 미국 노동청 자료, 인구 조사 자료(2018)
출처: BLS, 프레스티지 이코노믹스

4장

에너지의 미래

재택근무가 에너지의 미래를 바꾼다

"화석 연료와 에너지 수요는 일과 교육, 에너지의 미래와 맞물려 있고
장기적으로 그 여파에서 벗어나지 못할 것이다."

에너지의 미래를 논할 때 전기차는 뜨거운 주제이다. 사회 일각에서는 전기 에너지의 발달로 원유 수요가 감소할 것이라고 말한다. 그러나 중요한 사실 하나를 간과하고 있다. 세계의 부는 증가하고 있고 신흥 시장의 중산층 확대로 석유를 원료로 하는 차가 더욱 중요해진다는 사실이다.

이는 주요 석유 수요 지역이 OECD에서 극동 및 기타 신흥 시장으로 이동하고 있음을 의미한다. 미국의 셰일가스shale oil(진흙이 쌓여 만들어진 퇴적암층에 존재하는 천연가스-옮긴이) 생산으로 소량의 원유를 수입하던 지역에 격변이 있었던 것처럼 신흥 시장의 중산층 확대는 미래의 원유 수요에 불확실함을 가져올 것이다. 2020년대는 미국의 원유 생산과 정제 공장이 글로벌 원유 공급망에서 담당하는 역할이 커지는 시간이 될 것이다. 또한 중국, 인도 및 기타 아시아 국가들의 경제가 급격히 성장하는 시간이기도 하다.

재택근무 증가가 미칠 파장

코로나19 팬데믹은 미래 전망에서 몇 가지 변화를 가져왔다. 중기적으로 가격 상승의 압박이 줄어들고 가격 하락 리스크는 가중될 것이다. 하지만 향후 10여 년간 훨씬 더 중요한 변화는 세계 인구와 부가 상당한 수준으로 증가한다는 것이다. 이 전망은 달라지지 않는다.

2020년 초부터 서부 텍사스산^{WTI} 원유 가격은 30달러가량 큰 폭으로 하락했다. 첫 번째 가격 하락은 중국 내 코로나19 확산세의 둔화와 전 세계 제조업 상황과 일치했다. 두 번째 가격 하락은 OPEC+(석유수출국기구와 러시아 등 비회원 10개국-옮긴이)의 공급 제약 협상이 결렬되고 사우디가 생산량 증가에 대응하고 나선 시점과 일치한다. 그리고 세 번째 가격 하락은 코로나19가 세계 경제에 부정적 영향을 미친다는 전반적인 시장 심리와 일치했다.

코로나19로 인한 이동제한령으로 단기적으로 모든 종류의 교통수단을 중단시키다시피 했다. 특히 휘발유와 항공유를 중심으로 사실상 연료 수요가 급락했다.

게다가 미국의 석유 생산은 높은 수준이다. 전국적인 폐쇄 조치에 따라 에너지 수요가 급감하면서 미국 전역의 생산라인에 재고가 기록적인 수준으로 쌓이게 될지 모른다. 그렇게 되면 운송이 제한됨에 따라 원유 및 가공 제품에 대한 공급 과잉 현상이 지역적, 국가적 수준으로 나타날 수 있다. 결과적으로 팬데믹 사태 이후 회복기에조차 석유 수요는 저조한 수준을 밑돌 수 있고 가격 압박은 심해질 것이다. OPEC+ 내부에서 러시아와 사우디아라비아를 두고 줄다리기하는 불확실함까지 더해지면서 재택근무 확산에 따른 에너지 문제는 점점 더 가시화될 것이다.

하지만 미래학자의 관점에서 재택근무가 중기적으로 에너지 가격에 절대적으로 중요한 역할을 할 것으로 보인다. 더 많은 사람이 재택근무에 동참하면 세계 원유 수요 및 가격 상승에 대한 압박이 완화될 수 있다. 이러한 경향은 이전부터 예측했던 부분이다. 사실 10년 전 칼 퀸타닐라Carl Quintanilla가 사회를 맡은 '배럴을 넘어Beyond the Barrell'라는 CNBC 채널 TV 프로그램에 출연한 적이 있다. 그 인터뷰가 아무래도 기억에 남는데, 당시 국제에너지포럼International Energy Forum 회의 참석 차 멕시코 칸쿤Cancun을 방문해 나는 해변 모래사장 위에 흰색 리넨 정장을 입고 서서 인터뷰를 진행했다. 물론 그래서 기억에 남는 것만은 아니지만 어쨌건 인터뷰는 원유 가격이 장기적으로 크게 하락할 위험성을 중심으로 그 잠재적인 가능성에 관한 이야기로 진행됐다.

사람들이 종종 전기차를 원유 수요가 감소한 데 대한 주된 원인이라고 이야기하지만 나는 인터뷰에서 한 가지 결정적인 부분을 짚어주었다. 재택근무가 석유 수요가 하락하는 리스크를 키우고 결과적으로 원유 가격 또한 떨어뜨릴 수 있다는 내용이었다.

에너지 관점에서 재택근무를 파헤쳐 보자. 재택근무를 하면 직장에 가기 위해 집을 나설 필요가 없다. 그러니 운전할 필요가 없고 에어컨이나 히터 온도를 올렸다 내렸다 할 사무실이라는 공간마저 필요가 없어진다.

〈도표 4-1〉은 출퇴근 대신 재택근무 하는 비율이 2005년에서

2015년 사이 가장 큰 폭으로 증가한 것을 보여 준다. 재택근무 분야의 성장은 2000년대 중반부터 이미 대두되었고 그러한 트렌드에 대해서는 저서 『Jobs for Robots』에서도 얘기한 바 있다.

재택근무의 확산이 갖는 가치는 간단하다. 직장인들은 시간을 절약할 수 있을 뿐만 아니라 고용주의 지출 비용을 절약할 수 있다. 고용주는 사무실 공간, 편의시설, 서류 용지 등의 비용을 지출할 필요가 없고 직장인들이 사무실로 출근하지 않으니 주차 공간도 필요 없어진다. 전자 상거래가 향후 수십 년간 에너지 수요를 증가시키는 요인이 된다면 재택근무 추세는 그러한 수요 증가에 제동을 거는 요인이 될 것이다.

시간이 지날수록 재택근무를 하는 직장인들은 늘어날 것이다. 재택근무 급증에 팬데믹의 충격이 한몫하더라도 증가 추세는 팬데믹이후에도 꾸준히 유지될 것으로 보인다. 짚어 보자면 코로나19 팬데믹으로 재택근무와 온라인 교육 모두 주목받게 된 셈이다.

최근 데이터에 따르면 재택근무자는 일반적으로 학사 학위를 소지하고 있고 그 이상의 학위를 가진 경우도 비재택근무자에 비해 높을 것으로 보인다. 온라인 교육으로 인해 대학 교육에 대한 접근성이 좋아지면서 보다 많은 이들이 재택근무에 필요한 기술을 갖출 수 있을 것이다.

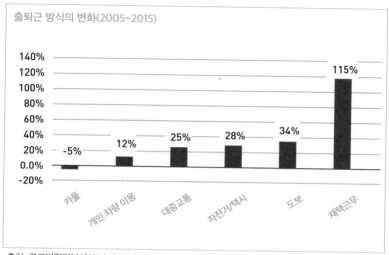

<도표 4-1> 재택근무의 증가[1]

출퇴근 방식의 변화(2005~2015)

출처: 글로벌일터분석(Global Workplace Analysis), 플렉스잡스(Flexjobs), 미 인구조사데이터, 프레스티지 이코노믹스, 퓨처리스트 인스티튜트

에너지 소비를 막는 요인

앞으로 재택근무와 에너지 소비에 대한 전망은 어떻게 될까? 재택근무는 향후 10년간 계속해서 확대될 것이다. 나는 이 같은 추세가 선진국 경제에서 좀 더 뚜렷하게 나타날 것이라고 예상한다. 차로 출퇴근하거나 사무실에서 일하는 인력을 조정하는 것만으로도 기후변화나 지구 환경문제를 해소하는 데 도움이 될 것이기 때문이다.

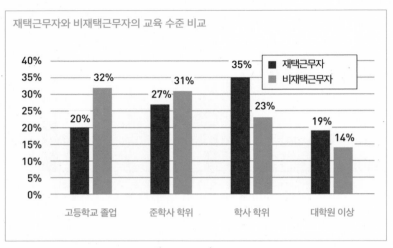

<도표 4-2> 재택근무자의 교육 수준[2]

재택근무자와 비재택근무자의 교육 수준 비교

구분	재택근무자	비재택근무자
고등학교 졸업	20%	32%
준학사 학위	27%	31%
학사 학위	35%	23%
대학원 이상	19%	14%

출처: 글로벌일터분석, 플렉스잡스, 미 인구조사데이터, 프레스티지 이코노믹스, 퓨처리스트 인스티튜트

재택근무는 석유 연료에 대한 수요를 낮출 것이다. 또한 천연가스나 석탄의 발전에 대한 수요도 줄일 수 있다. 결국 사람들이 사무실에서 업무를 보는 대신 재택근무를 한다면 사무실 냉난방과 불필요한 에너지 소비는 줄어들게 되는 것이다.

게다가 태양열, 풍력, 수력 같은 재생 가능 에너지는 장기적인 발전을 위해 필요하지만, 천연가스는 또 다른 장점이 있다. 날씨 변화에 영향을 받지 않는다는 것. 이 책이 인쇄소에 넘어갈 즈음이면 천연가스 재고량은 전년 대비 거의 80% 수준이 되어 있을 것이다. 그리고 그 재고량은 팬데믹 이후에도 높은 수준을 유지할 것이다.

재택근무가 갈수록 확대되면서 향후 에너지와 연료 소비 증가세를 억제하리라 예측하지만 세계 인구 변화와 신흥 시장의 세계 부가 거대한 수준으로 증가할 수 있어 그에 따라 그 효과가 불확실한 것이 사실이다. 그럼에도 재택근무 확산은 미래에 에너지 소비를 억제하는 데 기여하는 요인임은 분명하다.

코로나19의 영향으로 상당수 기업이 최대한 많은 노동자를 재택근무로 전환하는 조치를 했다. 많은 경우 코로나 이후에도 재택근무가 일상이 될 전망이다. 보다시피 화석 연료와 에너지 수요는 일과 교육, 에너지의 미래와 맞물려 있고 장기적으로 그 여파에서 벗어나지 못할 것이다.

5장

금융의 미래

개인과 기업은 어디에
투자해야 할까?

"코로나19 팬데믹에서 비롯된 상당한 리스크가 주택 시장 및 고용 시장에
오랫동안 부정적 영향을 끼칠 것이다."

코로나19 사태로 금융 분야도 180도 달라졌다.

코로나 사태가 심각해지면서 개별 소비자들은 상대적으로 금융권 대출을 줄인다고 하더라도 수입 없이 몇 주 혹은 몇 달이 지나고 나면, 높은 개인 신용점수(미국에서 개인신용 평가로 많이 쓰이는 '파이코 스코어FICO Score'가 750~800선 정도)도 무의미해질 것이다.

게다가 기업들은 최근 부채 규모를 상당히 늘렸다. 2019년 5월 애틀랜타에서 열린 미국 연방준비제도이사회의 금융 시장에 관한 콘퍼런스 저녁 만찬 자리에서 제이 파월Jay Powell 의장은 이 점을 강조해서 얘기했다. 불과 1년 전의 이야기다.

제이 파월 의장은 그 자리에서 기업 부채와 레버리지 대출이 높은 수준이고 대출채권담보부증권collateralized loan obligation이 위험한 수준이라고 경고했다.

기업 레버리지를 늘리라는 압박은 지난 수년간 금융 분야에서 가장 큰 과제 중 하나였다. 금융 시장 내 조금이라도 높은 수익을 찾아 유동성이 몰리는 수익 사냥hunt for yield, 즉 투자 수익 사냥hunt for investment returns이 문제시되었다. 채권 수익률은 저조했고 미국 국채 수익률도 저조했으며 부동산 가격은 상승하고 상대적 자산평가지수equity multiples는 높았다.

그렇다면 개인과 기업은 어디에 투자해 수익을 기대할 수 있을까?

그 대답을 찾기가 웬만큼 까다로운 것이 아니다. 더욱이 안정된 고정 소득을 투자해 상대적으로 안전한 수익을 찾고 있다면 뾰족한 수가 없다. 이건 미국만의 현상이 아니다.

투자 수익의 감소는 전 세계 어디서나 일어나고 있다. 유럽연합의 통화 정책을 총괄하는 기능을 하는 유럽중앙은행European Central Bank 은 2014년 처음으로 마이너스 금리를 도입한 후 여전히 예금 금리가 마이너스 상태이고 이러한 마이너스 금리는 당분간 지속될 전망이다. 마이너스 금리 정책을 도입한 이후 부동산 가격이 급등하는 등 마이너스 금리에 대한 논쟁이 불거지고 있지만, 한편에서는 이를 포기하면 경기 침체가 심각해질 것이라고 맞서고 있다.

초저금리 환경에서 여러 가지 부작용이 나오고 있는데, 이는 미래 금융 환경의 단면을 보여 준다.

많은 국가에서 중앙은행이 경기 하락을 보일 때마다 대차대조표를 확대하려 한다면 일반적인 수준의 인플레이션 상황에서도 저금리가 이어지는 것이 아주 만연한 현상이 될 것이다.

금융 시장 내 이 같은 경향은 향후 계속될 소지가 다분하다. 하지만 이러한 장기적 저금리 기조가 주식 투자 수익을 추구하는 면에서 주식 시장 역사상 가장 커다란 손실을 일으킨 가장 큰 위험은 아니었다.

거품 낀 글로벌 기업공개

코로나19가 미국을 강타하면서 주식 시장이 대공황 때처럼 폭락했다. 급하게 연방준비제도이사회가 개입하면서 오름세로 전환되긴 했지만 과연 계속 상승으로 이어질지는 알 수 없다.

주식 시장이 코로나19 팬데믹으로 이처럼 막대한 타격을 입은 이유 중 하나는 가격 변동이 장기적인 주식 시장의 펀더멘털에서 벗어났기 때문이다. 나는 저서 『금융의 미래는 지금이다The future of finance 'is now'』에서 이 같은 위험을 강조한 바 있다.

2018년 마이너스 수익을 보이는 기업공개 비율은 81%였다. 이 정도 수치는 닷컴버블Dot-com bubble(90년대 말 IT 분야가 급격히 성장하면서 주식 시장이 호황을 누리던 시기-옮긴이)이 붕괴하기 직전인 1999년 마이너스 수익의 기업공개 비율이 연일 최고치를 보이던 때와 같다.[1] 이후 2019년 그 비율이 74%로 다소 하락했지만 여전히 높은 수치다.

〈도표 5-1〉에서 나타나듯 역사적으로 마이너스 수익을 보이는 기업공개 비율이 증가해 온 것은 사실이다. 하지만 가장 최근의 경기 순환 동안 그 증가세는 이전 경기 순환 때와 비교해 더 심화됐다.

더욱 문제가 되는 것은 투자할 공개 기업public company이 줄고 상장지수펀드(exchange traded fund, ETF)가 보유 상품을 다변화하면서 미래에는 이 같은 추세가 훨씬 더 보편적인 흐름이 될 것이란 점이다.

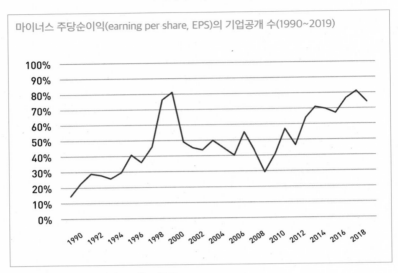

<도표 5-1> 마이너스 수익의 기업공개 수[2]

마이너스 주당순이익(earning per share, EPS)의 기업공개 수(1990~2019)

출처: 플로리다대학, 퓨처리스트 인스티튜트

투자할 기업이 줄어들면서 다양한 종류의 투자 수단들에 문제가 생기겠지만 한편 마이너스 수익이라 해도 시장 내 다양한 자산에 대한 추가 수요가 발생할 가능성이 공존한다.

마이너스 수익을 내는 기업들이 플러스 수익을 내는 기업들에 비해 기업공개 기간에 더 높은 수익을 내는 이유 중 하나다. 〈도표 5-2〉는 이러한 변화를 잘 보여 준다. 이제 시장 상황이 얼마나 후진적인지 알겠는가?

게다가 이윤이 작지 않다. 2018년 기업공개 기간에 마이너스 수익 기업의 수익률 평균 비율은 플러스 수익 기업의 두 배에 달한다.

1980년부터 2018년까지 기업공개 기간 내 평균 수익을 살펴봐도 마찬가지다.[3]

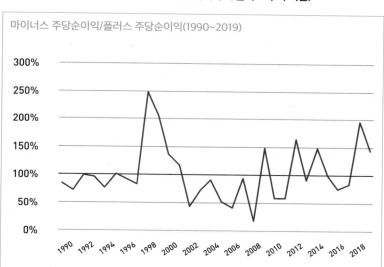

<도표 5-2> 기업공개 수익률(마이너스/플러스 수익 비율)[4]

출처: 플로리다대학, 퓨처리스트 인스티튜트

2019년에는 그 비율이 다소 증가했다. 마이너스 수익의 기업공개 기업들은 플러스 수익의 기업들을 44%가량 크게 앞질렀다.

일부 분석가와 투자자들은 이 같은 현상을 사람들이 "플러스 수익 신화"에 투자하는 것이라고 설명했다. 다시 말해 사람들은 가격이 항상 올랐기 때문에 언젠가 오를 것을 기대하고 투자한다는 것이다. 매출을 내기 이전의 기업이나 사업 초기 단계인 기업의 가치를 보다 높게 평가하면서 민간 펀딩에서 이런 역학이 시작된다. 그런데 이 민간 자금 내 초기 시드^{seed} 단계 기업에 해당하는 '시리즈 A^{Series A}' 투자에서부터 기업공개 단계에 이르기까지 마이너스 수익 기업들은 기업 가치가 상승하게 된다.

우리는 2019년 한 해 동안 다수의 기업공개 기업들이 마이너스 수익을 지속할 것이라 계속해서 경고한 바 있다. 현 비율은 역사상 가장 높은 수준일 뿐만 아니라 앞서 예측한 바와 같이 경기 후퇴와도 연관되어 있다.

이러한 예측이 이제는 현실로 성큼 다가왔다.

우리가 과거로부터 배운 것과 그렇지 못한 것

군사 전략가들 사이에 속담처럼 회자되는 말이 있다. "마지막 치른 전쟁을 교훈 삼아 다음 전쟁을 준비한다." 이 말은 경제학자나 정책 입안자들도 새겨들어야 한다.

2000년대 주식 시장의 글로벌 기업공개의 교훈을 몽땅 잊어버리고는 최근 수년간 같은 실수를 되풀이했다. 물론 이제는 주택담보대출과 주택신용 위험을 규제하고 있다. 적어도 지금 당장은 잘 규제하고 있는 것처럼 보일 수도 있다.

2007년에서 2009년 사이 주택 대란과 글로벌 금융 위기 이후 담보 대출 신용은 일반적으로 증가했다. 〈도표 5-3〉은 신용 상태에 따른 신규 담보 대출의 추이를 잘 보여 준다.

뉴욕 연방준비은행에서 가져온 이 데이터는 주택 파동 전후를 명확하게 묘사한다. 대부분의 담보 대출이 신용 등급이 가장 높은 사람들에게 돌아갔다.

주택 시장에서 신용 문제를 강화하면서 안정화되는 듯 보이지만, 코로나19 팬데믹의 여파로 여전히 흔들릴 위험을 안고 있다. 한두 달만 소득이 없어도 750 또는 800선의 신용 평점은 무의미해진다.

<도표 5-3> 담보 대출 신용 상태[5]

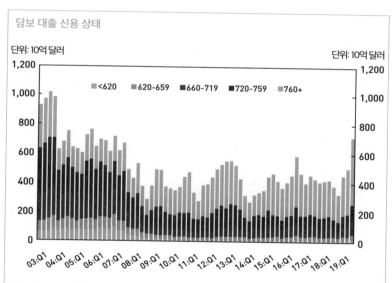

출처: 뉴욕연방준비은행, 프레스티지 이코노믹스
출처: 뉴욕연방소비자신용패널, 에퀴팩스(Equifax)
*신용 평점은 에퀴팩스, 위험도 점수 3.0을 기반으로 함.

CARES Act(2020년 3월 27일 코로나바이러스 구제 수정법안)로 담보 대출금 지불 연기를 허용하는 한편 일부 주택의 퇴거 명령을 중단시켰지만, 현금 유동성 위험은 여전히 존재한다. 그리고 파산 또는 퇴거 중단 조치가 영원하리라 기대할 수도 없는 노릇이다.

언젠가는 유예 기간이 끝이 날 것이고 그렇게 되면 부동산 시장의 주택 공급에 큰 충격을 유발해 집값 하락 리스크가 발생할 수 있다. 일시적으로 소득을 잃거나 혹은 일자리를 잃어 담보 대출을 감당할 수 없으면 동시다발적으로 주택을 시장에 내놓을 수 있기 때문이다. 그리하여 갑작스럽게 부동산 시장에 주택 공급이 급증하고 자가 주택 시장에서 주택 가치의 하한선이 깨질 수 있다.

그뿐만 아니라 지역 경제의 핵심 산업이 관광이어서 코로나19의 경제 충격의 여파가 가장 뚜렷하게 나타나는 지역일수록 이 같은 위험은 좀 더 현실적일 수 있다. 라스베이거스Las Vegas, 올란도Orlando, 뉴올리언스New Orleans와 같은 도시들이 대표적이다. 그 외에도 애슈빌Asheville이나 오스틴Austin과 같은 소규모 관광 도시 또는 콘퍼런스 도시 역시 그렇다.

전국적, 지역적 주택 공급 과잉은 수요가 감소하는 시점에 발생할 수 있다. 투자자 입장에서 신용 위험을 유예하게 되면 임대 부동산에 대한 수요 감소로 나타날 수 있다. 결국 세입자가 일자리를 잃어 임대료를 낼 수 없다면 그 위험은 투자자의 몫이 된다.

코로나19 팬데믹의 결과로 아주 광범위한 실직 사태가 단기적으로 가시화된다면 대부분은 수입이 전혀 없는 경우가 아니더라도 꽤나 오랜 기간 일자리를 구하지 못할 가능성이 있다. 만일 세입자들이 임대 계약을 일방적으로 파기하는 일이 증가하면 부동산 투자자들의 투자를 움츠러들게 하고 이로 인해 주택비용을 저울질하는 한편 주택 수요 하락을 부추길 수 있다.

그리고 주택 구매를 희망하는 이들에게 담보 대출이 줄어들 위험성이 있다. 대출 상담원과 신용조사기관에서 주택을 구매하고자 하는 사람의 신용도를 좀 더 깐깐하게 평가하여 신규 담보 대출을 중단하고 나설 수도 있기 때문이다.

결과적으로 자격조건에 맞는 주택 구입자 수가 줄어들고 주택 수요 역시 감소해 가격 부담으로 이어질 수 있다.

정책 입안자들은 이를 해결하기 위해 개선책을 운운하지만 사실 신용 평가는 대출 기관에서 하는 아주 중요한 위기관리 업무다. 현금 유동성과 고용 안정성의 문제를 정말로 해결할 방법은 한 가지뿐이다. 바로 시간이다.

주택 신용 시장이 2000년대 초 위기에 비해 벌써 상황이 개선된 것처럼 보여도 주택 위기는 여전히 잠재해 있다. 종합하면 코로나19 팬데믹으로 실업률이 올라가고 주택 공급 과잉이 시장을 덮치고 수입이 끊긴 주택 구매자의 신용을 은행이 확신할 수 없는 상황이 올 것으로 예상된다.

자가 주택 보유자의 주택 공급이 증가하고 수요는 줄어드는 위험은 임대 자산에 대한 투자자들의 수요가 감소하는 것과 궤를 같이한다. 세입자가 월세를 내지 못하거나 살고 있는 집에서 쫓겨날 위험이 커진 만큼 주택 가격이 내려간다고 해도 이를 만회할 충분한 수익률이 보장될 것 같지 않다.

그러나 2007~2009년 서브프라임모기지 금융 위기와 유사한 위험은 없을 것 같다. 물론 수요 감소에 발맞춰 공급 증가가 나타났는데, 특히 관광 밀집 지역을 중심으로 주택 가격이 압박되었다. 하지만 코로나19로 인한 주택 관련 경제 여파가 지난 불황기에 겪었던 수준으로 줄줄이 파산하거나 신용 위험이 문제되지는 않을 것 같다는 말이다.

신용 창조

모든 경기 순환에는 신용을 확대하라는 압박이 존재하고 신용 창조credit creation(은행이 예금된 돈의 일부를 고객에게 대출하고 그것을 다시 예금시켜 원래 예금의 몇 배를 예금으로 만들어 내는 일-옮긴이)는 경제 성장을 촉진하는 데 도움이 된다.

미국 역사의 대부분이 주택 신용 확대가 경기 순환을 촉진하는 식이었다. 하지만 주택 파동 이후에는 사정이 달라졌다. 대출 기준과 주택 신용 기준이 강화되었다.

그 결과는 어떻게 되었을까?

다른 곳으로 신용이 확대되었다. 경제는 무슨 수를 써서라도 신용을 확대하는 방법을 늘 찾아냈다. 이러한 확대가 일어나는 분야가 위험하다.

신용 확대의 예로, 오토론auto loan(자동차 담보 대출-옮긴이)이 나타났고, 기업 금융업business credit 역시 나타났다. 각각에 대해 얘기해 보자.

서브프라임 오토론의 위험성

지난 10년간 주택 분야의 위험성은 오토론에 잠재된 신용 위험에 비하면 아무것도 아니다. 〈도표 5-4〉에서 나타나듯 최근 몇 년간 오토론은 성장세를 보였다. 특히 서브프라임 오토론subprime auto loan의 성장세가 두드러진다.

다행인 점은 집보다 차가 회수하기 훨씬 쉽다는 것이다. 하지만 이것은 은행, 대출 기관 및 자동차 신용 전문 회사에 심각한 신용 위험을 초래할 수 있다.

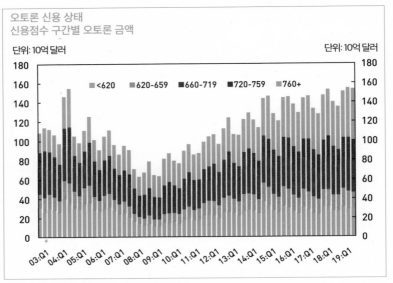

오토론 신용 상태
신용점수 구간별 오토론 금액

출처: 뉴욕연방준비은행, 프레스티지 이코노믹스
출처: 뉴욕연방소비자신용패널, 에퀴팩스(Equifax)

게다가 자동차 신용이 붕괴하거나 회수 차량이 중고차 시장으로 쇄도하면 신차 판매량에 타격을 줄 수 있다. 특히 실업률이 높은 수준을 유지한다면 현실로 일어날 시나리오다. 실제 우리가 살펴볼 사례는 적어도 2년 동안 실업률이 코로나19 팬데믹의 충격이 미치기 이전 2020년 2월 수준인 3.5% 이하로 떨어지지 않는 경우이다.

시나리오에 따르면 자동차 판매는 감소하고 자동차 신용 기준은 향후 수년간 좀 더 엄격해질 것이다. 담보 대출 기준 요건이 엄격해지고 신규 담보 대출이 지연되는 상황에서 자동차 신용 기준까지 엄격해지면 경제 회복은 더딜 수밖에 없다. 아울러 쏟아져 나온 회수 차량으로 시장이 포화 상태가 되면 신차 판매가 어려움을 겪을 수밖에 없고 국내총생산GDP 지표를 악화시키는 요인으로 작용할 것이다. 국내총생산은 일정 기간 한 나라 안에서 새롭게 생산된 최종 생산물의 가치를 시장 가격으로 환산하여 합산한 것인 만큼 신차만 지표에 잡히기 때문이다.

대출채권담보부증권과 기업 부채 리스크

지난 10년간 신용 확장의 또 다른 주요 영역이 기업 부채였다. 그동안 주택 신용 기준이 까다로웠지만 기업 부채는 자동차 신용처럼 날개를 달았다. 한마디로 기업 부채와 관련해서는 조건이 느슨했다.

기업 부채 수준, 기업 대출 금액 그리고 대출채권담보부증권의 확산은 거시경제 지표 구성 중 기업의 뇌관이 되었다. 기업 부채의 증가로 인해 국가 신용, 신용 대출 시장, 나아가 금융 분야 전반에 미치는 위험성이 드러나면서 연방준비제도이사회(이하 연준)는 올해 3월 코로나19 상황에 맞춰 대응 조치를 내놓았다.

미 연준은 대차대조표를 상당 수준 늘리고 지방채, 자산담보부증권, 기업 어음, 기업 부채 등 다양한 투자 등급의 신용 거래를 후원하는 한편 금리를 0%에서 0.25% 사이 수준으로 낮췄다. 이 책이 쓰인 시점에 저품질 고수익의 신용이 당연히 위험성이 있지만 여전히 연준은 경기를 방어하기 위해 저신용 대출 시장으로 뛰어들 가능성이 있다.

코로나19 팬데믹에 따른 다양한 종류의 경제적 위험 노출액exposure을 파악하기 위해서는 코로나19 팬데믹으로 인해 기업 부채 및 기업 대출이 증가했음을 이해하는 것이 중요하다. 현 추세가 기록적인 수준이긴 하지만 이러한 종류의 부채는 보통 경기 순환 중에 증가한다.

게다가 그 위험에 대해서는 모두가 알고 있는 바다. 연준 역시 이를 오래전부터 알고 있었다. 2019년 5월 제이 파월 연준 의장이 기자와 분석가들이 함께 있는 공식 석상에서 한 발언도 그 위험성을 누구보다 잘 알기 때문이었다.

하지만 주식 시장에서 사상 최고가를 갱신하고자 목이 마른 투자자들에게 기업 부채 리스크는 전혀 문제가 되지 않는다. 플러스 수익 신화의 근원지가 바로 여기다. 그리고 그 주식 시장 신화는 아주 익숙한 이야기이기도 하다. 가장 최근인 2001년 경기 침체를 생각해 보라.

또 한 번 강화되는 신용 조건

금융 위기, 주택 파동, 2007~2009 대불황처럼 굵직한 경제 위기를 지나오면서 담보 대출 신용 기준이 좀 더 엄격해졌다. 은행과 금융기관들은 신용과 부채 위험 노출액을 중심으로 다양한 스트레스

테스트^{stress test}(금융 시스템의 잠재적 취약성을 측정하기 위한 시험-옮긴이)를 실시해 위기 대처 능력 평가에 나섰다.

이제는 코로나19 팬데믹 사태 이후 새로운 종류의 스트레스 테스트가 등장할지도 모르겠다. 기업이 완전한 폐쇄의 위험을 견딜 안정성이 있는지 평가하는 테스트 말이다.

대출 기관의 자격요건을 높여 기업들이 2주에서 4주간 폐쇄를 견딜 수 있는지를 자금 조달의 전제조건으로 삼을지도 모른다. 다르게 표현하면 기업들에 대한 향후 대출 자격요건으로 자금을 조달받을 만큼 충분한 현금을 보유하고 있는지를 보겠다는 것이다.

코로나바이러스 지원, 구호 및 경기 안정 법안(Coronavirus Aid, Relief, and Economic Security Act, CARES Act, 이하 코로나경기부양법안)과 더불어 대출 자격요건 강화는 대기업에 유리할 수 있다. 반면 영세기업의 경우 정부 지원을 통해 운영을 유지하려면 기준을 충족하기가 쉽지 않아 보인다.

향후 어떻게 될까

향후 주식 시장 주요 지표들을 보면 단기적인 수익이 있을 것으로 예상된다. 하지만 투자자들의 보수적 심리가 이어질 것이라고 바라기는 어려워 보인다. 게다가 코로나19 팬데믹에서 비롯된 상당한 리스크가 주택 시장 및 고용 시장에 오랫동안 부정적 영향을 끼칠 것이다.

미래에 불확실한 한 가지를 꼽자면, 코로나경기부양법안이 인플레이션율의 증가로 이어지고 미국 국가 부채를 증가시키는 요인이 될 것인가 아닌가 하는 점이다. 보통은 규모 있는 경기부양법안이 한동안 시행되면 인플레이션 압박이 있기 마련이다. 하지만 경제 성장이 둔화할 위험 때문에 저성장과 맞물린 디플레이션 위험이 얼마나 작용할지는 지켜봐야겠다.

6장

통화 정책의 미래

양적 완화는
계속될 것인가?

"주택저당증권과 국채에서부터 기업 부채와 주식까지 다양한 자산을 매수하기 위해서 중앙은행이 무에서 유를 창조하듯 돈을 찍어낼 수 있다는 사실은 불편하기 짝이 없다. 그럼에도 그 방법이 가장 효과적이었고 그 관행은 계속될 여지가 크다."

금융 위기의 여파로 경제가 거의 마비된 시점에서 어떻게 경제 성장을 촉진할 것인지 정부마다 고민이 깊다. 오늘날 각국의 중앙은행들이 내놓는 결정적인 해결책은 경기 부양책으로 대차대조표를 늘리는 것(중앙은행의 유동성 공급-옮긴이)이다. 미국의 연준, 잉글랜드 은행Bank of England, 유럽중앙은행, 일본은행Bank of Japan 등이 이 같은 방법을 선택했다.

중앙은행의 대차대조표를 무제한으로 늘리는 방식의 대처는 관행이 되었는데 지난번 금융 위기가 결정적 계기가 되었음을 주목할 필요가 있다. 코로나19 이후의 미래를 생각할 때 이러한 관행은 앞으로도 계속될 가능성이 크다.

"주택저당증권과 국채에서부터 기업 부채와 주식까지 다양한 자산을 매수하기 위해서 중앙은행이 무에서 유를 창조하듯 돈을 찍어낼 수 있다는 사실은 불편하기 짝이 없다. 그럼에도 그 방법이 가장 효과적이었고 그 관행은 계속될 여지가 크다."

어쨌거나 효과가 있다면 중단할 이유가 없으니 말이다.

연방준비제도이사회의 대응

대불황 이후 저성장 기조 속에서 미 연준은 주택저당증권을 매입하는 데 참여하여 주택담보대출 금리를 낮추고 미국 내 주택 시장을 활성화하고자 했다. 연준은 또한 연방 자금 금리를 0%에 맞춘 이후에도 금리를 낮추기 위해 국채를 매입했다.

연준은 대차대조표를 2008년 9천억 달러에서 2015년 1월 최대 4조 5천억 달러까지 늘렸다. 그럼에도 당시 연준은 2020년 3월 현시점에서 취하고 있는 코로나 대응 조치처럼 주식이나 회사채를 매입하지 않았다.

2017년 10월 이래로 미 연준은 만기 주택저당증권이나 만기 국채에 대한 재투자를 줄이는 방식으로 대차대조표를 줄여갔다. 하지만 유럽중앙은행이 2012년부터 2014년 사이 대차대조표를 줄이려는 시도와는 차이를 보였는데 미 연준은 의도적으로 그 대차대조표 축소 속도를 늦추었다는 점이다. 아무래도 유럽중앙은행이 겪은 폐해를 지켜보며 그 규모를 축소하는 데 조심스럽게 대응하고자 한 것으로 보인다.

하지만 연준의 세심한 노력에도 불구하고 대차대조표 감소는 결과적으로 2019년 기업 투자 불황으로 이어졌다. 〈도표 6-1〉을 보면 결국 같은 해 10월 연준은 그 흐름을 확장 기조로 되돌려 놓았다.

코로나19 위기가 시작하면서 확장세에 가속도가 붙었다.

양적 완화가 불러올 미래

연준의 대차대조표 확대는 경기 부양에 상당히 효과적이었다. 그 말인즉 향후 연준의 대차대조표 확대는 지속적인 추세가 될 것이다.

재닛 옐런Janet Yellen 미 연준 전 의장은 심지어 2016년 캔자스시티 연방준비은행 주최로 열린 연례 잭슨홀Jackson Hole 심포지엄에서 "미래 지침forward guidance(중앙은행이 향후 통화 정책 방향을 외부에 알리는 조치-옮긴이)과 자산 매입은 향후 연준의 주요 정책 수단이 될 것 같다." 라고 밝힌 바 있다. 이윽고 "미래 정책 입안자들은 구매 가능한 자산의 폭을 넓힐 수는 없을지 고민하게 될 것이다."라는 말을 덧붙였다.[1]

최근 몇 주 동안 코로나19 팬데믹에 대한 국가 경제 차원의 대응 조치로 연준은 자산 매입을 확대했고, 본질적으로는 거의 모든 투자 등급의 부채를 지지하겠다며 제안하고 나섰다.

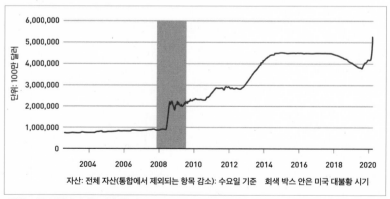

<도표 6-1> 연준의 전체 대차대조표 자산 규모[2]

자산: 전체 자산(통합에서 제외되는 항목 감소): 수요일 기준   회색 박스 안은 미국 대불황 시기

출처: 미국 연방준비제도이사회(FRB)
fred.stlouisfed.org

게다가 현재로선 하락 국면이 심해 보이진 않는다. 세계 모든 중앙은행이 현 기조를 유지하는 한 환율에는 큰 영향을 미치지 않을 수 있다. 말하자면 모두가 게임의 패를 쥐고 있다면 명확한 승자도 패자도 나타나기 힘든 것이다. 그리고 그들은 할 수만 있다면 양적 완화라는 게임의 패를 사용하고 싶어 한다.

향후 미국 경제의 양자 상태

코로나 이후 금융의 미래는 어떻게 될까? 중앙은행의 대차대조표 증가 추이는 계속해서 확대될 것으로 보인다. 내가 자주 지적하는 위험성 중 하나는 경기 순환 주기에 따른 하강 국면에서 중앙은행이 지속해서 대조대차표를 확장하는 것이다.

당연히 코로나19 리스크가 높다면 중앙은행은 손에 쥔 패를 적극적으로 활용하려 할 것이다.

나는 늘 옐런 전 연준 의장의 말을 믿었기 때문에 나 역시 미 연준이 다른 중앙은행들과 마찬가지로 결국에 기업 부채에서부터 주식까지 매입 자산의 종류를 다양화할 필요가 있을 것이라고 늘 생각했다.

그리고 오늘날 내 생각은 현실이 되었다. 물론 각 순환 주기마다 중앙은행의 매입은 경제 실패를 막기 위해 몸집을 불리는 최후의 수단이 되어 갈수록 더 중요해질 것이다. 그렇게 경기 하강 국면마다 미 연준은 어디선지 모르게 끌어온 돈으로 자산 매입을 늘려 중앙은행의 대차대조표는 점점 더 늘어나게 될 것이다.

최악의 시나리오는 중앙은행이 수십 년에 걸친 경기 순환 주기를 지나면서 경제의 거의 모든 것을 소유하게 되는 것이다. 중앙은행은 부채, 주택저당증권, 국채, 주식, 심지어 실물 자산에까지 손을 댈 것인데 매입에 들어가는 돈은 만들어 낸 돈이다. 애초에 존재하지 않던 그런 돈 말이다.

이 시나리오에 따르면 우리 경제는 일종의 양자量子 상태가 되는 것이다. 중앙은행이 모든 것을 가지고 있지만 동시에 아무것도 없는 양자 상태(물리학에서 빛이 파동 상태이자 입자 상태로 중첩된 채 동시에 존재하는 현상을 빗댄 저자의 표현-옮긴이) 말이다. 이렇게 되면 큰 문제에 봉착할 것이다.

이 같은 위험성에 대해 나는 2019년 저서 『The Future of Finance is Now』에서 논한 바 있다.

중앙은행이 이 길을 밟지 않으리라는 확신을 심어주는 것이 향후 10년 안에 가장 중요한 우선순위가 될 것이다. 그렇지 못하면 최악의 시나리오는 현실로 훌쩍 다가와 있을 것이다.

코로나19 사태에 직면하여 미 연준의 대차대조표 확대 및 관련 조치들이 경제 부양 조치로서 핵심 역할을 한 것은 사실이다. 정확히 말하면 투자 등급 채무증서에 신뢰를 주었다. 하지만 연준은 만족하지 않고 계속해서 자산 매입을 늘려갈 것이고 코로나19 팬데믹에 따른 경제적 위험에 맞서 대차대조표를 더욱 확대해 갈 것이다. 그렇게 되면 양자 상태가 돼버린 미래 경제가 더 이상 상상 속의 이야기는 아닐 것이다.

7장

재정 정책의 미래

국가 부채가
보내는 경고

"복지 지원 혜택은 늘어난 부채 수준과 더불어 미국 경제를 옭아매고 있다.
개혁 없이는 대량 실업으로 이어질지 모른다."

금융의 미래를 내다볼 때 가장 큰 과제 중 하나는 미국의 국가 부채가 갈수록 불어난다는 점이다. 모든 경제학자, 연방공개시장위원회(federal open market committee, FOMC) 위원, 연준 의장 등 모두가 한목소리로 국가 부채가 심각한 수준이어서 장기 경제 성장률에 부정적 영향을 끼칠 수 있다고 경고했지만, 씨알도 먹히지 않았다. 단지 우울한 과학자들만이 카산드라[Cassandra]처럼 남아 불길한 미래를 쓸쓸히 점치고 있을 뿐이다.

미국의 재정 보수주의(정부 지출 감소 및 국가 부채 감소를 추구하고 균형 예산을 중요시하는 정치 철학-옮긴이)가 2017년 감세 법안으로 크게 죽었다고 생각할지 모르겠다. 하지만 대부분 정치인과 경제학자는 코로나19 팬데믹으로 타격을 입은 미국 경제를 돕기 위해 무려 2조 3천억 달러를 지원하는 코로나경기부양법안에 찬성한다.[1]

나 역시 대규모 재정부양법안을 통과시켜야 한다고 생각했다. 2019년 미국 경제가 21조 4천억 달러 규모로 성장했고 이는 월평균 1조 8천억 달러의 성장률을 뜻한다.[2]

이건 엄청난 숫자임이 틀림없다. 하지만 코로나19의 여파로 만일 미국 경제가 한 달간 완전 폐쇄에 돌입한다면 발생할 경제 손실액이 1조 8천억 달러이다. 이제 감이 오는가? 이 정도 규모라면 만회하기 어려운 수준이다. 그저 영원한 손실로 남을 것이다. 경제뿐만 아니라 사상자 또한 많을 것이다.

오해 없길 바란다. 평상시 혹은 확실한 성장 국면에서 정부가 불필요하게 적자 지출이나 국가 부채를 늘리면 큰 위험 요인이 될 것이라고 난 믿는다. 그것이 그렇게 위험한 이유는 재정 정책은 경제 위기가 경기 침체나 공황으로 이어지지 않기 위해 사용하는 것이기 때문이다.

만일 풍년이 왔을 때 재정 정책의 힘을 모두 써버리고 나면 흉년이 왔을 때는 어떻게 하겠는가?

다행스럽게도 금리가 매우 낮아 연준이 대차대조표를 사용해 인위적으로 낮은 금리를 유지하고 있다. 그래서 부채 발행을 늘리는 것이 예상만큼 큰 문제가 되지 않으며 미래에도 큰 문제가 없을 것으로 보인다.

그럼에도 불구하고 미국의 국가 부채가 불어나는 문제를 직시해야 한다. 23조 2천억 달러란 돈은 국가 부채로 결코 적은 금액이 아니다.[3] 올해 연말 즈음에는 그 금액이 더 늘어나서 28조 달러 혹은 그 이상에 달할 것으로 예상된다.

어마어마한 양의 부채다.

〈도표 7-1〉에서 보다시피 미국의 국가 부채가 증가하는 속도는 점점 더 빨라지고 있다. 미국의 국가 부채가 1조 달러를 넘어선 시점은 1981년 10월로 205년이 걸려서 도달했다면 부채 양이 그 두 배가 되어 2조 달러에 도달한 시점은 1986년 4월로 불과 5년이 채 되지

않았다. 또 한 번 그 양이 두 배가 되는 데에는 대불황 이후 10년이면 충분했다. 또 한 번 현재 보이는 불경기가 국가 부채를 두 배로 뻥튀기하는 일이 없길 바랄 뿐이다.

<도표 7-1> 미국의 총 국가 부채[4]

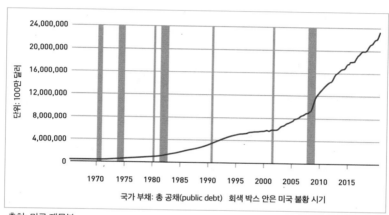

국가 부채: 총 공채(public debt) 회색 박스 안은 미국 불황 시기

출처: 미국 재무부
fred.stlouisfed.org

<도표 7-2> 국내총생산(GDP) 대비 미국 총 국가 부채 비율[5]

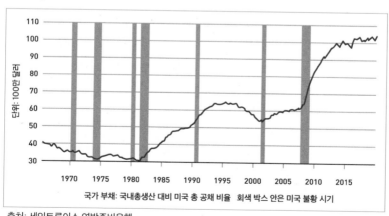

국가 부채: 국내총생산 대비 미국 총 공채 비율 회색 박스 안은 미국 불황 시기

출처: 세인트루이스 연방준비은행
fred.stlouisfed.org

미국의 총 국가 부채만큼 추세 그래프가 뚜렷하게 나타나지는 않지만 2007년 12월 대불황이 시작된 이후로 국내총생산 대비 부채 비율 역시 급격한 상승곡선을 그렸다.

높은 국가 부채가 미치는 부정적 영향 중 한 가지는 국내총생산으로 대표되는 미래 경제 성장률에 방해 요인이 된다는 점이다. 게다가 이미 상당한 수준의 국가 부채에 복리 이자가 더해져 부채의 위험은 더욱 심각해질 수 있다.

현재 전 세계적인 저금리 기조가 악화일로에 빠지지 않도록 막고 있지만 미래에는 어떨지 모를 일이다. 특히 중앙은행의 대차대조표가 경제 성장을 촉진하는 데에 효과적이지 않다면 그 불확실성은 상대적으로 커진다.

일부 분석가들은 미국의 국내총생산 대비 부채 비율이 다른 나라들과 비교해 낮다는 사실을 금방 알아차릴 테지만 미국 경제가 세계에서 가장 크다는 사실을 잊으면 안 된다. 그 말은 미국의 국가 부채 수준이 커지면 글로벌 경제가 미국의 부채 발행을 점점 흡수하기 어려워진다는 것이다.

부채의 위험성

나는 작년에 출간한 저서 『혼돈의 선거The Dumpster Fire Election』에서 "경기 침체의 리스크로 인해 2020년에서 2024년 사이 부채 수준과 국내총생산 대비 부채 비율이 상승할 가능성이 훨씬 더 커질 것이다."라고 밝힌 바 있다.

그리고 복지 지원 혜택은 임박한 부채 규모를 크게 키워 놓았다. 불행히도 미국의 국가 부채가 크다지만 복지 지원 혜택에서 비롯된 단기성 부채 규모는 훨씬 크고 향후 수년간 미국의 부채 문제와 혼재되어 나타날 수 있다. 단순히 말하자면 복지 지원 혜택은 미래 정부 부채 수준에 그리고 국가 경제 성장에 가장 커다란 위협이 될 수 있다.

복지 지원으로 인한 국가 부채 증가

노인의료보험제도medicare, 저소득층의료보장제도medicaid, 사회보장제도social security를 포함해 다양한 복지 지원 혜택들은 직장인들의 급여세payroll tax(개인이 노동을 제공하고 받은 근로소득에 대한 세금-옮긴이)로 재원을 충당하고 있다. 급여세는 소득세income tax(이자소득, 임대소득, 배당소득 등 다양한 원천의 소득에 대한 세금을 총칭한다-옮긴이)와는 구분되는데, 소득세율은 재정 정책의 변화로 하락한 데 반해 급여세는 고공행진이다. 결과적으로 복지 지원 혜택은 재원이 바닥난 상태가 돼버렸다.

전 세계 총 국가 부채 규모는 60조 달러에 달한다.[6] 이는 세계 각국의 정부에 의해 누적된 빚이다. 그런데 자금이 지원되지 않는 미국의 복지 지원 혜택 규모는 그 수준의 세 배일 수도 있다. 한마디로, 재원이 준비되지 않은, 재무제표상에 잡히지도 않는 금액이 노인의료보험제도, 저소득층의료보장제도, 사회보장제도에서 무려 200조 달러다.[7]

재무제표상에 잡히지 않는 대출 자산의 수준이 미국 경제의 존립 자체를 위협하고 있다. 미국의 보수 성향 싱크탱크인 헤리티지 재단Heritage Foundation은 의회예산처로부터 복지 지원 혜택과 관련하여 집계 자료를 받아 그래프로 제시했다. 〈도표 7-3〉이 바로 그것이다. 2030년까지 모든 미국의 조세 수입은 복지 지원 혜택 자금과 국가 부채 이자로 전부 고갈돼 버릴 것이다. 문제는 이 같은 추산이 2007년 조세 개혁안이 통과되기 이전 수준이고, 추가 재정 적자와 2020년 코로나경기부양법안은 국가 부채를 훨씬 더 빠르게 증가시키고 있다.

미국 사회보장제도의 조상

복지 지원 혜택은 태생적인 문제를 안고 있다. 미국의 사회보장국 웹사이트는 사회보장제도의 조상으로 독일의 정치가 오토 폰 비스마르크Otto Von Bismarck를 내세우고 있다.[8]

심지어 해당 웹사이트에 비스마르크의 초상화가 걸려 있다(〈그림 7-1〉).

비스마르크는 현실정치^{Realpolitik}(신념과 도덕이 아닌 실질적 권력과 물질적 요인을 중시하는 실용주의적 정치-옮긴이)에 능한 강력한 정치인이었다. 비스마르크에게 복지 지원 혜택은 편리하고 신속한 도구였다. 하지만 더 이상은 아니다. 복지 지원 혜택은 늘어난 부채 수준과 더불어 미국 경제를 옭아매고 있다. 개혁 없이는 대량 실업으로 이어질지 모른다.

<도표 7-3> 복지 지원 혜택에 들어간 조세 수입[9]

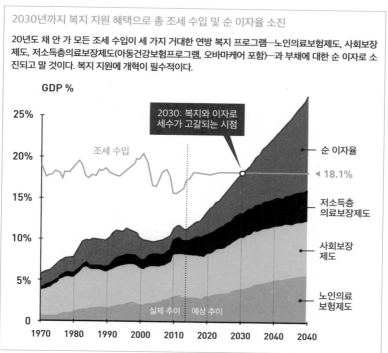

2030년까지 복지 지원 혜택으로 총 조세 수입 및 순 이자율 소진

20년도 채 안 가 모든 조세 수입이 세 가지 거대한 연방 복지 프로그램—노인의료보험제도, 사회보장제도, 저소득층의료보장제도(아동건강보험프로그램, 오바마케어 포함)—과 부채에 대한 순 이자로 소진되고 말 것이다. 복지 지원에 개혁이 필수적이다.

출처: 의회 예산처 2013년 장기예산전망, http://cbo.gov/publication/44521(검색일: 2013.9.30.)
예산관리국 미 정부 예산 2014 회계연도 통계 자료, http://www.whitehouse.gov/omb/budget/Historicals(검색일: 2013.10.9.)
출처: heritage.org

비스마르크의 복지 시스템은 지속 가능한 시스템이었다. 70세 이상 고령 노동자에게 연금을 보장했지만 당시 1880년대 말 독일의 평균수명은 40세에 불과했다.[10] 다시 말해 복지 혜택을 받는 사람은 소수에 불과했고 정부의 지출 비용도 무시할 만한 수준이었다.

비스마르크는 돈을 내지 않고도 정적들을 부술 방법으로 복지 혜택을 실시했다. 하지만 오늘날 미국의 복지 시스템은 재원도 없고 재무제표상에 잡히지 않는 부채가 되어 미국 경제 전체를 무너뜨리고 있다.

게다가 복지 혜택을 소득 삼아 의존하는 미국인들이 많아질수록 복지 혜택을 지속해야 할지 말아야 할지 끔찍한 딜레마에 빠진다.

도대체 이 시스템은 어떻게 구성되는 것일까? 비스마르크에게는 뾰족한 수가 있었다. 답은 바로 인구 구성demographics에 있다.

<그림 7-1> 사회보장제도의 시조, 오트 폰 비스마르크[11]

인구 구성이 문제다

미국의 인구성장률이 가파르게 둔화하면서 인구 구성을 계속해서 바꾸어 놓고 있다. 게다가 출산율이 감소하고 기대 수명이 늘어나면서 이 또한 인구 구성을 바꾸는 다른 요인이 되었다. 이 모든 것이 복합적으로 복지 지원 혜택의 재원을 고갈시키는 요인으로 작용하고 있다. 더 심각한 문제는 그 어느 대통령, 상원의원, 하원의원도 미국의 인구 구성을 바꾸어 놓을 수는 없다는 것이다. 이것은 어느 한 사람이 해결할 수 있는 문제가 아니다.

<도표 7-4> 향후 사회보장제도의 중요성[12]

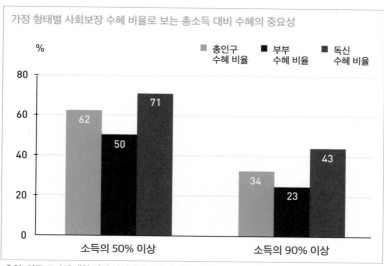

출처: 인구 조사에 대한 연례 사회경제 부록집 사회보장국 추산 수치(2016년 3월)
주의: 조사 대상은 함께 사는 부부 또는 미혼 독신이며 부부에는 사별하거나 별거 중인 인구도 포함.

2020년 대선이 가까워지는 시점에서는(다른 선거도 마찬가지로) 이러한 논의가 이뤄지기 어려워 보인다. 미국 내 인구성장률은 1950년대와 1960년대 초반 연평균 1.5%에서 2011년 이후 0.7%로 떨어졌다.[13]

인구 성장이 둔화된 데에는 미국 내 출생률이 감소한 것이 한몫했다. 전 세계적으로 출생률 감소가 일반적인 추세이지만 인구학자 조나단 라스트Jonathan Last에 따르면 미국의 출생률은 1.93명으로 상대적으로 여전히 높다.[14] 미국의 총 출산율이 다른 선진국들에 비하면 상대적으로 높은 수준이라 하더라도 라스트의 분석에 따르면 인구 유지에 필요한 '황금 수'는 2.1명이다.[15]

현 상태라면 복지 지원 혜택은 재원 유지에 큰 어려움을 겪을 수밖에 없다. 복지 시스템은 〈도표 7-5〉처럼 복지 수혜 인구 대비 노동자 수가 159.4명에 달했던 1940년에는 잘 돌아갔지만 그 비율이 2.8명으로 떨어진 2013년에는 보다 어려워졌다. 게다가 2040년에는 그 비율이 2명으로 더 떨어진다는 전망이 나오고 있다.[16]

복지 지원 혜택은 출산율 감소와 기대 수명 증가라는 두 가지 위험 요인을 안고 있다.

출산율 감소와 더불어 기대 수명의 증가는 비스마르크가 복지 정책을 시행하던 1889년에 비해 40세에서 80세 이상으로 두 배나 뛰었다. 복지 지원 혜택을 받는 인구의 평균 연령은 70세에서 65세로 낮아졌다. 설상가상으로 고령 인구를 지원하는 의료비용까지 덩달아 증가하면서 부담은 가중됐다.

　미국의 인구 성장이 상당히 건실하다면 괜찮겠지만 그렇지 못하
다는 것이 문제다.

<도표 7-5> 사회보장 수혜 인구 대비 노동자 비율[17]

연도	노동자 수 (단위: 천 명)	수혜자 수 (단위: 천 명)	비율
1940	35,390	222	159.4
1945	46,390	1,106	41.9
1950	48,280	2,930	16.5
1955	65,200	7,563	8.6
1960	72,530	14,262	5.1
1965	80,680	20,157	4.0
1970	93,090	25,186	3.7
1975	100,200	31,123	3.2
1980	113,656	35,118	3.2
1985	120,565	36,650	3.3
1990	133,672	39,470	3.4
1995	141,446	43,107	3.3
2000	155,295	45,166	3.4
2005	159,081	48,133	3.3
2010	156,725	53,398	2.9
2013	163,221	57,471	2.8

현 트럼프 정부는 불법 이민자의 유입을 막아 이민자 수를 감소시키고 있다. 사회경제적으로 일부 긍정적인 부분이 있겠지만 결과적으로 인구 성장과 평균 출산율을 감소시키는 요인이 될 것이다.

인구성장률은 베이비붐 시기보다 절반 이하로 감소했고 미국 총 출산율은 인구 유지에 필요한 황금 수에 미치지 못한다. 라스트의 지적은 흥미롭다. "사회보장제도는 본질적으로 폰지 사기(ponzi scheme, 다단계 금융 사기-옮긴이)다. 모든 폰지 사기가 그렇듯 신규 인력이 계속해서 투입되는 한 잘 굴러가는 것처럼 보인다."[18] 안타까운 점은 복지 시스템이 한계점에 왔다는 것이다.

출산율이 둔화됨에 따라 일어나는 가장 큰 문제는 복지 부채가 재원이 마련되지 않은 채 늘어나는 상황이지만 재원을 충당할 세금을 낼 부양인구가 줄어든다는 데 있다. 결국 재원을 충당할 노동자 비율이 감소하는 한 200조 달러 이상의 향후 복지 지출은 재원이 마련되지 않는 처지에 놓일 것이다.

출산율 감소, 기대 수명 증가, 의료비 증가, 경제 활동 참가율 감소, 자동화 확산 등은 장기적으로 가속화되어 복지 지원 혜택으로 불리는 확장급여형 연금defined benefit을 악화시킬 것이다. 이 연금 프로그램의 재정 상태는 수혜자의 수혜 시점, 나이가 기대 수명에 비해 30년가량 앞설 때 가장 극대화된다.

하지만 시스템이 가진 구조적 문제는 2016년 대선 당시에 주목받지 못했고 2017년 조세 개혁과 2018년 중간선거에서도 역시 논의되지 못했다. 그리고 다가오는 2020년 대선 역시 별반 다르지 않을 것이다.

코로나19 위기가 재정 정책에 주는 함의

다른 분야와 마찬가지로 재정 정책은 시스템 내 고질적인 취약성을 드러냈다. 코로나19 팬데믹 위기로 경제가 반강제적인 봉쇄 조치에 들어가자 연방정부는 경기 부양을 위해 2조 3천억 달러 규모의 긴급 구제에 나섰지만 국가 부채와 복지 시스템의 위험성은 그 이전부터 이미 잠재돼 있던 것이다.

재정 정책의 미래는 추가 경기 부양책, 최고치를 경신하는 부채 수준, 재원 확보에 실패한 복지 지출로 점철될 것이다. 그리고 위기가 닥칠 때 국민에게 현금을 지급하는 정책은 정치적 관행이 되어 앞으로도 이어질 가능성이 있다.

보편적 기본소득(universal basic income, UBI)에 대한 담론 또한 널리 퍼지는 추세다. 보편적 기본소득은 근로 여부와 상관없이 모든 국민이 기본 급여를 받는 개념이다. 보편적 기본소득이 안고 있는 문제는 간단히 말해 그렇게 지급할 돈이 없다는 것이다. 200조 달러에 달하는 미국 복지 지급액을 생각하면 보편적 기본소득 또한 국가 부채를 끝도 없이 불어나게 하므로 현실적으로 불가능에 가깝다.

하지만 코로나19에 대한 정부 대응 조치의 일환으로 보편적 기본

소득이 또 다른 고정 지출이 될 가능성을 배제할 수 없다. 한 가지는 분명해졌다. 부채 증가와 재원 없는 복지 시스템으로 미래가 한층 불확실해졌다는 것이다. 보편적 기본소득을 배제하고서라도 미국의 장기 경제 성장률에 대한 우려는 크다.

재정 건전성에 대한 소망

복지 지원 혜택은 재원 마련 없이 재무제표에도 잡히지 않는 대규모 부채가 되어 서구의 안정된 금융 시스템을 뒤엎고 경제 성장의 싹을 자른 채 민주주의마저 전복시킬 불안정 요인이 될 수 있다.

이 글에서 밝힌 내 견해가 표현에 과장이 섞여 있을지 모르지만 현실은 절대 녹록지 않다. 전 지구적 차원에서 문제는 훨씬 나빠지고 있다.

그동안 주목하지 않던 문제들이 이제는 전 세계적으로 경제와 비즈니스 성장을 심각히 억제하는 요인이 될 것이다. 특히 그 영향은 퇴직자 수입의 급격한 감소가 핵심생산인구의 급여세 증가와 맞물려 나타나는 서비스 중심의 경제에서 훨씬 두드러질 것이다. 이러한 위험성은 미래 경제와 금융 시장에서는 결코 과소평가할 만한 것이 아니다.

경제 전체가 폐쇄되고 공중 보건 체계가 마비된 현시점에서 긴축 재정을 고려하자는 말이 아니다. 팬데믹이 지난 후를 대비하여 책임

있고 건전한 재정 지출을 보다 고민하고 설계해야 하는 시점이 되었다는 것이다. 그래야 이후 같은 위기가 다시 찾아올 때 우리는 좀 더발 빠르게 대처할 수 있을 터다.

물론 앞으로의 재정 건전성을 기대할 수 없을지도 모른다. 다만 내 작은 소망이 그렇다는 것이다.

8장

부동산의 미래

부동산 업계에
불어닥칠 6가지 변화

"학교든 직장이든 가족들이 한 지붕 아래서 온라인으로 일을 처리하는 상황이라면
굳이 학교나 직장과 가까운 아파트에 살아야 할 이유가 없고 그럴 바에는 공간이 넓은
주택을 선호할 것이다."

부동산 산업은 코로나19의 여파가 상당할 것으로 보인다. 부동산 분야와 관련하여 여섯 가지 전망을 제시하고자 한다.

1. 기업 사무실 수요의 감소
2. 자영업 가게 수요의 감소
3. 주택 공급 과잉 및 가격 하락의 위험성
4. 관광 밀집 지역의 부동산 고위험성
5. 업무 공간에 대한 선호의 변화
6. 물류 창고 및 유통 센터에 대한 수요 증가

첫째, 재택근무를 하거나 원격으로 업무를 처리하는 사람들이 늘어날 전망이다. 이 책의 '일자리의 미래' 장에서 다루고 있는 만큼 너무 자세하게 설명하지는 않겠다. 핵심은 사람들의 재택근무가 늘어나면서 기업들이 물리적인 사무실 공간을 점점 필요로 하지 않게 될 것이라는 점이다. 사무실 공간을 이용하지 않으니 대여 비용을 아껴 기업들은 지출을 줄일 수 있을 것이다. 물론 사무실 건물을 소유하고 있다면 재정 부담이 되겠지만 말이다.

일부 기업의 첨단 사무실은 호텔이나 아파트, 복합 시설 등으로 용도 변경이 될 수 있을 것으로 보인다. 물론 여기에는 한 가지 핵심적이지만 충분히 개연성 있는 전제가 필요하다. 재택근무로 전환하는 추세가 코로나19 팬데믹 시기에 나타난 수준으로 계속 이어지고 땅값이 비싼 도심에 상업 시설이 필요 이상으로 많다는 공감대가 형성되어야 한다.

둘째, 코로나19로 커다란 영향을 받는 부동산이 자영업 가게들이다. 전자 상거래는 꾸준히 대안으로 주목받아왔지만 코로나19 팬데믹으로 결정적인 계기를 맞았다. 코로나19의 영향으로 소상공인, 자영업자와 전통시장 등은 완전히 문을 닫거나 코로나 이후 영업을 재개할 수 있기를 기다리는 처지에 있다.

특히 심각하게 피해를 본 곳은 면대면 접촉이 높은 서비스 산업이다. 접촉 감염의 위험을 줄이고 확산세를 잡기 위해 강력한 대처가 필요했기 때문이다. 특히 마사지 테라피, 네일아트, 미용실 등은 사람 간 접촉이 자주 일어나기 때문에 코로나19의 확산을 줄이기 위한 일련의 조치들을 피하기 어렵다. 또 대부분의 서비스 산업이 영세해 2조 3천억 달러의 코로나경기부양책의 지원을 받은들 생계를 유지하기 힘든 상황이다.

아마도 많은 소상공인과 자영업자들이 문을 닫고는 영업을 재개하지 못할 것이다. 게다가 코로나19 이후 전자 상거래에 대한 의존도는 훨씬 증가할 텐데 자영업 부동산들의 손해는 갈수록 늘어나 코로나 이후 업계 전체가 문을 닫는 위기에 처할지도 모른다.

부동산의 미래를 내다볼 때 세 번째 커다란 변화는 주택 부동산 시장의 타격이다. 직장으로 돌아가지 못하거나 기업이 망하는 상황이 되면 대출금을 갚지 못하는 것은 물론이고 거주 주택에서 퇴거하거나, 파산을 신청하는 일이 생길 수 있다. 금융 시장의 실패가 국가 수준으로 번지는 것을 막기 위해 정부가 나서서 대출 시장에서 중개를 돕더라도 주택 소유자가 대출 담보물에 대해 디폴트^{default}를 선언하는 것을 모두 막지는 못할 것이다.

대출을 갚지 못하는 이들은 서둘러 주택을 시장에 내놓으려고 할 수 있다. 그러면 시장에는 팔려고 내놓은 주택들로 넘쳐날 것이다. 주택 가격 역시 수요와 공급의 원리로 움직이므로 급처분하려는 주택들이 쏟아져 주택 공급이 갑자기 늘어나면 집값은 내려가게 마련이다. 이 또한 경제의 재정 건전성에 영향을 줄 수 있다. 이러한 위험에 관해서는 이 책의 '금융의 미래' 장에서 심도 있게 다루어 놓았다.

넷째, 관광 밀집 지역인 라스베이거스, 올란도, 뉴올리언스 등의 상황이 매우 우려된다는 것이다.

카지노와 테마파크는 대표적인 관광 지역으로 코로나19 전염 고위험 지역에 분류돼 강제로 폐쇄되었다. 코로나 사태가 연장되면 앞서 언급한 도시들은 상대적으로 좀 더 충격이 크리라 예상된다. 코로나19 팬데믹이 빠르게 끝난다고 하더라도 관광 수익은 예전 같지 않을 것이다. 가처분소득은 천천히 회복하겠지만 제한 조치가 공식적으로 끝이 난 이후에도 주요 관광 도시들은 경제적 타격에서 쉽게 벗어나지 못할 것이다.

다섯째, 사람들의 업무 공간에 대한 선호가 변할 것이다. 직원들이 가까이 붙어서 업무를 보던 기존 사무실 공간보다는 각자 흩어져 업무를 진행할 주택 공간을 보다 선호할 것이다. 또한 주택 구매자들은 도심 근처의 아파트보다는 교외의 널찍한 단독 주택을 선호할 것으로 보인다.

지난 15년간 대체로 많은 이들이 미국의 도시화가 큰 추세가 될 것이라 예측했다. 하지만 팬데믹의 몇 가지 영향으로 도시화의 흐름이 바뀔 수도 있다. 먼저 재택근무를 경험하며 공간의 가치에 대한 사람들의 인식이 바뀔 수 있다. 사람들이 정기적으로 직장에 나가는 대신 직장에서 떨어져 비좁은 공간에서 가족들과 같이 지내며 업무를 봐야 한다면 자연스럽게 사람들은 더 넓은 공간을 찾을 것이다.

게다가 밀집된 도심일수록 식료품이나 생필품이 품절될 가능성이 크고 공공장소에서 전염의 위험성 또한 높다. 이로 인해 사람들은 도시나 도심부보다는 교외 지역이나 시골을 선호할 가능성이 크다.

부부가 재택근무하고 자녀들은 온라인으로 수업을 대체하는 가정이라면 이러한 선호는 더 뚜렷하게 나타날 것이다. 학교든 직장이든 가족들이 한 지붕 아래서 온라인으로 일을 처리하는 상황이라면 물리적으로 오갈 필요가 없는 학교나 직장과 가까운 아파트에 굳이 살아야 할 이유가 없고 그럴 바에는 공간이 넓은 주택을 선호할 것이다.

마지막으로 여섯째, 물류 창고와 유통 센터에 대한 수요가 증가할 것으로 보인다. 유통망이나 전자 상거래는 그 특성상 본질적으로 이러한 수요를 견인하는 주요 요인이 될 것이다.

부동산에서 여섯 가지 중요한 전망에 대해 살펴보았다. 일부는 아주 새로운 전망이 아니지만, 코로나19가 사람들의 인식과 선호를 바꾸었고 변화의 속도를 높였다.

9장

농업의 미래

코로나가 던진
식량 충격

"앞으로는 이전 그 어떤 시기보다도 투자나 관련 직업, 국가 안보를 위해 농업 분야에
더 많은 관심이 쏟아질 것이다."

코로나19가 가져온 사회경제적 변화는 농업에도 고스란히 영향을 미쳤다. 과일, 채소, 달걀, 고기, 치즈 등 신선식품을 중심으로 부족 현상이 심각해지면서 농업 분야 직종들이 주목받고 있다.

여기서 가장 주목해야 할 사실은 오늘날 대부분 사람은 음식을 일반적으로 당연히 주어지는 것으로 생각한다는 점이다. 코로나가 바꾼 현실은 이러한 식량에 대한 믿음을 뒤흔들어 놓았다. 이 믿음의 변화로 투자 가치가 있다고 생각하는 대상에도 큰 변화가 있을 것이다. 결과적으로 사람들이 몰리는 직종 역시 달라질 것이다.

단연 실내 식품 생산 공장, 실내 재배 시설, 농산물 유통 시설, 실험실 배양 고기 등에 투자의 관심이 몰린다. 특히 채소나 생선 등의 복층 수경 재배 시설이나 실험실 배양 고기 등에 대한 자금 지원이 커질 것으로 예상한다.

뜻밖에 떠오른 식량 문제

음식은 매슬로Abraham H. Maslow(인간의 심리적인 욕구 충족에 단계가 있다고 주장한 미국의 심리학자-옮긴이)의 욕구 단계설에서 가장 낮은 층에 위치한다. 말하자면 음식이 가장 원초적인 욕구다. 대부분의 미국인은 음식을 당연하게 주어지는 것으로 아는데, 이 당연한 현실에 문제가 발생하리라고는 생각하지 못했다. 아마도 미국이 주요 식량 수출국인 탓이 크다. 감사한 사실은 미국의 식량 생산은 소비보다 많다는 것이다. 하지만 유통망이 타격을 입고 신선식품이나 일부 식재료를 구하는 것이 어려워지면서 식품 시장은 코로나의 실제적 영향을 받게 됐다.

코로나의 충격으로 사람들은 자연스럽게 필요한 농산물을 집에서 직접 재배하는 일에 관심을 두게 됐다. 내가 개인적으로 아는 사람 중에도 코로나19 팬데믹으로 집에서 텃밭을 가꾸기 시작한 사람들이 있다. 지인 중에는 집에서 직접 신선식품들을 얻기 위해 닭이나 다른 가축들을 키우기 시작한 이들도 있다.

사람들이 이렇게 직접 나선 것이 결코 유별난 일이 아니다. 최근 몇 주 동안 공기업, 사기업을 막론하고 여러 CEO와 임원진에게 전화를 많이 받았는데, 나는 시장에서 구할 수 없는 치즈, 육류, 과일, 채소, 생선 등을 온라인에서 어떻게 구할 수 있는지 팁과 요령을 공유했다.

전 세계 대부분 국가가 식량을 포함해 기초 생필품조차 구매하기 어려운 현실을 목도했다. 21세기에 이런 문제가 일어나리라고는 상상도 하지 못했다. 달걀이 필요하면 닭을 길러야 한다고는 생각해 본 일이 없는 것이다. 그런데 상상도 못 한 그 일이 비즈니스 전문가들에게 새로운 패러다임이 될지 모른다는 것이 소름 끼친다.

놀랍게도 새로운 패러다임이 문명의 이기에서 떨어진 삶을 살려는 이들만의 모습은 아니라는 것이다. 확실한 식량 공급을 바란다면 누구나 한 번쯤 고려해 볼 문제가 되었다.

앞으로는 이전 그 어떤 시기보다도 투자나 관련 직업, 국가 안보를 위해 농업 분야에 더 많은 관심이 쏟아질 것이다.

농업에서 주요한 변화라면 단연 음식 배달 서비스의 광범위한 확대를 꼽을 수 있다. 20세기 음식 배달 서비스의 주요 고객은 노년층이었다. 기억을 더듬어 봐도 1980년대 음식 배달은 '앤트 버사aunt bertha(복지 서비스가 필요한 이들을 사회복지사와 연결하는 사회복지 네트워크 서비스-옮긴이)'를 통한 복지 서비스 차원의 일이었다. 그것은 노인들에게는 오래전부터 익숙한 일이었다.

그런데 바로 이들이 선구적인 삶을 살고 있었다니!

최근에서야 식료품 배달 서비스를 지원하는 앱들이 많이 출시되고 있다. 코로나19 팬데믹 기간 동안 이러한 앱을 사용해 본 덕분에 사람들은 앞으로도 부담 없이 서비스를 이용하게 될 것이고 이용자층 역시 광범위하게 확대될 것이다. 코로나 사태가 반강제적으로 사용을 부추긴 결과다.

일자리 면에서는 미국의 농업 분야 종사자들은 많이 감소해 왔다. 1800년대 중반 농업 분야 일자리는 노동 인력의 대다수를 차지했지만 오늘날 미국 내 농업 분야 인력은 2%에 불과하다.

앞으로 수년간 좀 더 많은 사람이 농업 분야를 찾을 것이고, 그 인기는 10여 년간 이어질 가능성이 있다.

시장에 가도 음식을 구하지 못하면 어떡하나 하는 두려움이나 공포심이 앞으로도 사람들을 괴롭힐 것 같다. 특히 커리어를 설계하는 젊은 세대는 훨씬 실제적인 우려일 수 있다.

현재 중·고등학교생이라면 앞으로 무엇을 하며 살지 진지하게 고민 중일 것이다. 이때 먹을 것 하나 자유롭게 구할 수 없었던 코로나19의 경험은 그들이 삶에서 중요한 결정을 할 때 영향을 미칠 것이다.

1970년대에 태어난 나는 과거 소련에 살던 이들이 휴지와 음식을 구할 수 없어 전전긍긍하던 모습이 떠오른다. 2020년 미국의 모습이 그와 같다는 사실이 내겐 꽤나 충격적이다. 이러한 거대한 위기의 순간들은 물질적 측면에서 사람들의 커리어와 삶에 오랜 그림자를 드리운다.

사람들이 미래에 필수적인 인력과 그렇지 않은 인력이 무엇인지 갑론을박하는 사이 놓치고 있던 주제가 바로 농업이다. 농업이야말로 전형적인 필수 산업이다. 먹을 것 없이는 우리는 아무것도 아니기 때문이다.

10장

공급망의 미래

안정적인 공급망
확보가 관건

"공급망의 붕괴는 전 세계 어디서나 나타날 수 있는 현상이다. 그뿐만 아니라 생산라인의
재고량이 줄어들면 공급망 붕괴로 인한 부정적 여파가 심각해질 수 있다."

코로나19 팬데믹의 여파로 미국 내에서는 휴지 품귀 현상이 일어나고 신선식품이 마트마다 동이 났다. 새롭게 다가온 이런 일상은 많은 사람에게 충격을 주었다. 결과적으로 사람들은 공급망의 중요성을 절감하는 계기가 됐다. 여기서 공급망이란 미국 내 공급망, 글로벌 공급망, 원자재를 다루는 산업, 라스트마일the last mile(최종 목적지까지 도달하는 물류 배송의 마지막 단계-옮긴이)의 과제 등을 포함한 개념을 말한다.

코로나19 팬데믹의 경험은 사람들에게 불안감을 주고 있다. 이에 따라 코로나 이후 시기에도 공급망에는 상당한 변화가 있으리라 예상된다.

먼저 미국 및 글로벌 공급망의 취약점이 드러났다. 공급망의 붕괴는 전 세계 어디서나 나타날 수 있는 현상이다. 그뿐만 아니라 생산 라인의 재고량이 줄어들면 공급망 붕괴로 인한 부정적 여파가 심각해질 수 있다. 사실 장기적으로 볼 때 재고 수준을 유지하면서 동시에 공급망을 확대하는 것이 재난에 대처하는 해법이 될 수 있다.

둘째로 오랫동안 당연하게 사용할 수 있었던 의약용품과 의료기기들은 이제 구하기 힘든 물건이 돼버렸다. 의료 전문가들은 의료 인력들이 개인용 의료 보호구와 의료 장비들이 부족해 재사용하는 실정이라고 토로한다. 미래에는 의료 공급망이 어떤 영역보다도 그 중요성이 부각될 것이고 의료 공급망의 위험성을 줄이기 위한 정책들이 제정될 것이다.

셋째로 미국 경제 내 공급망은 이제 모두가 잘 아는 영역이 되어 버렸다. 1990년대나 2000년대 초까지만 하더라도 경영학과에서 '공급망supply chain'이란 단어는 거의 쓰이지 않았다. 하지만 오늘날 공급망이라 하면 모든 경영진, 정치인, 지도자, 소비자까지 가장 먼저 떠올리는 주제가 되었다.

제품이 어디서 오는지, 어떻게 제품이 나에게까지 전해지는지, 언제 제품이 도착하는지 같은 질문은 간과할 수 없는 아주 중요한 이슈가 되었다. 그리고 전 세계가 느슨하지만 공급망으로 연결되고 확장될 것이며, 느슨하게 연결된 공급망에 안정성을 확보하는 것이 단기적으로는 중요한 과제가 될 것이다.

품귀 현상을 일으킨 채찍 효과

소비 급증으로 공급망이 충격을 받으면 공급 문제가 대두된다. 물류와 제품이 모든 공급망 과정을 거쳐 최종 소비자에게까지 이른 시간에 전달하는 것이 관건이 되었다. 공급에 미친 영향으로 생산자들은 생산 물량을 늘리는 데에 힘썼다. 하지만 공급망을 거쳐 제품이 전달되기까지는 시간이 오래 걸렸다.

급증하는 수요를 맞추기 위해 공급량을 늘렸지만 공급망 내 특정 지점에서 공급이 모여 정체되는 현상이 발생한 것이다. 공급 과잉이 나타나는 지점은 대개 소비자와 직접 연결되는 마지막 단계였다.

간단히 말해 때로는 공급망이 더 이상 빠르게 진행되는 데에 한계가 있다. 속도를 낼 수는 있겠지만 공급 과정에서 공급 과잉으로 정체되는 구간이 생기고 일반적으로 마지막 소비되는 과정에서 발생한다. 공급망 관리자들은 보통 이 같은 현상이 채찍 효과bullwhip effect에 따른 결과라고 말한다. 채찍 효과란 손목을 아주 조금만 흔들어도 긴 채찍 끝에서는 크고 시끄러운 균열이 생길 수 있다는 것이다.

물론 채찍 효과의 위험성 때문에 위기 상황에서 공급망을 밀어붙여서는 안 된다고 말하려는 것이 아니다. 신선식품, 위생용품, 의료 기구, 개인용 의료 보호구PPE 같은 물품은 위기 시 급박히 필요가 생긴다.

수요 급증만이 문제가 아니다. 공급 부족 역시 문제다. 말하자면 재고량이 적은 것이다.

왜 이런 현상이 생기는 것일까?

많은 기업이 수익률을 높이기 위해 재고량을 낮춰 왔지만, 오늘날 이 전략은 독이 된 셈이다.

의료용품 공급망의 변화

엷은 재고를 유지하면서도 장거리 공급망을 구축하는 것은 쉬운 일이 아니다. 사실 낮은 재고를 유지하면서 공급망이 멀리까지 닿는다면 재난 위기 상황에 대처하는 데 큰 도움이 된다. 이러한 공급망이 이번 코로나19 팬데믹에서 빛을 보고 있다.

향후 정책과 전략은 불확실한 공급망을 다각화하여 좀 더 튼튼한 재고량을 확보하려는 방향으로 바뀔 것이다. 의료용품 및 개인용 의료 보호구의 생산, 보관, 보급 등과 관련하여 일정한 규제나 지시가 향후 이뤄질 수도 있다.

의료용품 및 개인용 의료 보호구의 공급망 전체를 새롭게 설계하기 위해 규제 조치나 정책이 만들어질 수 있다. 이로써 미국 국내나 미국-멕시코-캐나다 협정MSMCA 또는 북미자유무역협정NAFTA 지역에서 관련 제품 생산이 원활해질 수 있다. 공급망의 거리를 좁히면 과거 공급망 내에 재고량이 낮은 수준을 보이는 위험성을 극복하는 데에 도움이 된다. 반면 글로벌 공급망의 경우 유통 거리, 이해당사자의 수, 적용되는 규제 등으로 인해 국내 공급망보다 위험이 클 수밖에 없다.

식당이 안고 있는 공급망 위험

사람들은 미래에 식량 공급망의 안정성에 대해서도 재평가할 수 있다. 이러한 재평가는 호텔, 식당, 관광 등의 서비스업에 위험 요소가 될 수 있다. 식품 유통은 전통적으로 두 가지 유통 체계를 통해 이뤄졌다. 하나는 식당가로 들어가는 상업 유통망이고, 다른 하나는 슈퍼마켓으로 들어가는 소비자 유통망이다.

'외출 자제' 조치를 비롯해 정책 변화와 규제 조치로 인해 사람들은 외출하지 않고 온라인으로 식품을 주문해서 집에서 조리하여 먹기 시작했다.

결과적으로 코로나19 팬데믹이 길어질수록 식당가가 겪는 어려움은 심화할 것으로 보인다. 파급 효과가 장기간 지속되면 식품 공급망은 변모할 것이고 신선식품은 점차 상업 유통망에서 자취를 감출 것이다.

요컨대 상업용 식료품이 슈퍼마켓과 같은 소비자 유통망으로 공급의 흐름이 변화하며, 이로 인해 식당이나 외식업계가 영업을 재개하는 것이 더 어려워질 수 있다.

식료품 공급망에 나타난 이 같은 변화는 단기적으로 한 가지 위험성을 제기한다. 일부 슈퍼마켓의 공급망 문제나 달걀, 우유, 치즈, 육류, 채소, 과일 같은 신선식품의 공급량 부족 문제를 해소하는 데는 도움이 될 수 있지만, 가게 문을 다시 열기를 바라는 식당은 회사 차원의 구조적 어려움을 겪을 수 있다.

결과적으로 공급망이 꾸준히 변화하고 식료품의 최종 수요 원천이 바뀌면 식당가는 가게를 다시 여는 것이 거의 불가능해질 수 있다. 결국, 그들은 신선한 음식, 화장지, 식기 세척액, 청소 용품 및 기타 종이 제품을 확보하는 데 어려움을 겪을 수 있다.

갈수록 중요해지는 공급망 안정성

경제의 안정성은 재화와 서비스가 필요한 곳에 도달할 수 있느냐 하는 문제를 안고 있다. 만일 그렇지 못하면 경제뿐만 아니라 일반 사람들에게 실제적인 위험이 생기고 나아가 잠재적으로 국가 안보에까지 위협이 된다.

다행히 미국의 경우 식량 수출이 수입보다 많다. 하지만 다른 국가들은 상황이 좋지 못해 식량 수급에 차질이 생겨 허덕이기도 한다.

독일의 극작가 베르톨트 브레히트Berthold Brecht는 그의 작품 《서푼짜리 오페라The Threepenny Opera》에서 인생의 이치를 한 문장으로 표현했다. "일단 먹고 나야 도덕을 찾는다(Erst kommst das fressen, dann kommt die Moral)." '금강산도 식후경'이라고 배가 불러야 그다음을 이야기할 수 있는 것이다. 사람들이 음식을 원활히 구할 수 없다면 경제는 통째로 흔들리고 만다.

코로나19 사태가 진행되는 와중에 국방부와 협력할 일이 있었다. 나는 식량과 기본 물품에 대한 공급망이 일각에서 주장하는 만큼 안전하다는 희망 섞인 주장에 대해 여러 차례 논의했다. 운 좋게도 지금까지는 그랬다.

그렇지만 만일 식량이나 다른 기본 물품의 안정적인 공급망 확보가 어려워지면 국가 전체의 안정성은 무너져 내릴 수 있다. 국가적인 수준의 안정성 위험이 나타날지 모른다. 다만 현재로서는 우려할 부분이 아니다.

식량이 최우선 순위라면 그다음은 의료기기, 의료 장비, 개인용 의료 보호구다. 앞서 말한 것처럼 향후 식량 공급망은 새로운 규제나 금융 혜택을 받게 될지 모른다. 필수 물품인 만큼 공급 부족은 심각한 영향을 가져오며 국가 안보 전문가들 역시 이 점을 간과하지는 않을 것이다.

불안 심리로 찬장을 계속 채우려 한다

끝으로 공급망에 대한 사람들의 인식이 개선된 점은 코로나19 팬데믹의 이면이라 할 수 있다. 밖에 나갈 수 없다고 집에 있는 식료품, 위생용품, 청소용품 등 가정용품을 다 쓸 때까지 가만히 두고 볼 사람은 없다. 온라인 주문 한 번으로 필요한 것들을 집에 더 사 놓으면 되기 때문이다.

영국의 오래된 동요 가사에 나오는 허버드 수녀Mother Hubbard는 자신의 찬장이 텅 비었다고 노래한다. 오래된 동요에서는 말이다.

하지만 오늘날 사람들은 상대적으로 편리하게 필요한 게 있으면 언제든 살 수 있게 되었다. 더는 찬장에 무엇이 있는지 걱정하지 않는다. 20분도 걸리지 않아 필요한 것들이 집까지 배달되는 세상에서 찬장에 무엇이 들어 있는지는 더 이상 고민거리가 아니다.

하지만 코로나19 팬데믹 상황이라면 얘기가 다르다. 공급망이 제대로 작동하지 않는 상황에서는 집 안의 텅 빈 찬장을 다시 걱정해야 한다. 집에 머무는 시간이 길어질지 모른다는 우려로 상황은 한층 나빠진다. 찬장에 비축해 둔 물품들이 줄어드는 것을 보면 곧바로 채워 넣으려 하고 식당에 갈 수 없으니 다른 대안이 없다고 본다. 식료품과 위생용품의 품귀 현상을 가져온 채찍 효과는 이렇게 시작되었다.

종이제품 수요를 위한 공급망뿐만 아니라 식료품 공급망은 집에서 소비하던 패턴에서 집에서만 소비하는 패턴으로 바뀌었다. 비축된 식료품 같은 것은 없어졌다. 음식을 만들던 주방도 사라졌다.

우리 모두의 찬장은 허버드 수녀의 찬장과 비슷한 신세가 되었고, 사람들은 발 빠르게 움직여야 했다.

동시에 식료품과 위생용품 소비는 식당과 집에서 소비하던 것에서 오로지 집에서만 소비하는 것으로 바뀌었다. 미래에는 좀 더 안정된 공급망이 필요할 것이다. 코로나19 팬데믹이 지나고 나면 사람들이 빈 찬장을 비워둔 채로 가만두지 않을 것이다.

나는 미래학자로서 합리적으로 전망했다. 결과적으로 코로나19 팬데믹으로 인해 몇 가지 문제가 드러났는데 이에 따라 내놓은 전망은 결국 가장 기초적인 사실들로부터 추론해낸 것들이다.

-사람들은 항상 음식이 필요하다.

-사람들은 항상 의료 서비스를 받을 수 있다는 안정감을 원한다.

-사람들이 음식을 얻거나 의료 서비스를 받을 수 있고 그 안에서 안정감
을 얻어야 사회는 정상적으로 기능한다.

위 세 가지 이유를 통해 미래에는 정부가 공급망을 강화하는 재정
적인 혜택이나 추가 규제 조치에 나설 것이라 기대한다.

11장

미디어의 미래

괴물이 되어 버린 미디어

"개인 맞춤형으로 노출되는 게시물들을 보며 내 생각, 선호, 믿음이 다른 사람들도
그러리라는 느낌을 강화한다. 결국 나와 나 같은 주변인들이 믿는 것이 곧 진실이 된다."

코로나19는 산업 전반에 취약점을 드러내고 문제들을 악화시켰다. 코로나19에 대한 뉴스와 온라인 게시물들에 대한 사람들의 반응을 보니 미디어와 SNS에서도 마찬가지로 취약점이 드러났다. 무엇보다도 사람들이 '허위합의편향*false consensus bias*'에 빠지는 것이 문제였다.

미네소타주립대학의 단 자코 박사는 규칙과 관련하여 15가지 질문을 던졌다. 그런 후 '규칙을 지키겠다'라고 답한 응답자들과 '그때그때 다르다'라고 답한 응답자들에게 다른 사람들은 같은 상황에서 어떻게 할 것 같냐고 다시 물었다. 설문에 응한 사람들은 2,105명이었다. 결과는 흥미로웠다. 규칙을 지키지 않을 수도 있다고 답한 응답자의 89~99%가 다른 사람들도 규칙을 위반한다고 믿는 것으로 나타났다. 자코 박사는 이를 심리학에서 '허위합의편향'이라고 부른다고 했다. 자신의 의견이나 선호, 신념, 행동이 실제보다 더 보편적이라고 착각하는 자기중심성 개념이다. 한마디로 내가 믿는 것을 다른 사람들 역시 믿을 것이라고 생각하는 심리 기제다.

많은 경우 SNS는 허위합의편향을 부추겼다. 실제로는 그렇지 않지만 내 생각이 많은 이들이 합의한 생각과 같다고 믿을 때 허위합의편향이 나타났다고 볼 수 있다. 페이스북 뉴스피드에 뜨는 게시물 중

정말 관심 있게 들여다보는 것은 소수에 불과한데 페이스북의 최적화된 알고리즘은 맞춤화된 정보만을 선별해 제공해 준다. 개인 맞춤형으로 노출되는 게시물들을 보며 내 생각, 선호, 믿음이 다른 사람들도 그러리라는 느낌을 강화한다. 결국 나와 나 같은 주변인들이 믿는 것이 곧 진실이 된다.

코로나19 사태를 겪으며 미디어는 괴물 같은 존재가 되어 버렸다. 왜 그런 존재가 되었는지 처음에는 잘 이해되지 않았다. 사실 지금도 완전히 이해되지는 않는다.

포스트 투르스 시대의 탄생

감염 현황에 대한 데이터가 변화를 거듭하고 끊임없이 발전했듯 데이터가 보여 주는 변화는 실체가 있는 것이지만 사람들은 그 위에 주관적 인식으로 만들어진 현실을 세웠다.

큐레이션curation(빅데이터 분석을 통해 개인 맞춤형 정보를 제공하는 것-옮긴이)으로 노출되는 사실들을 소비하고, 고도로 개인화된 인식을 강화하면서 포스트 트루스post-truth 시대는 그렇게 탄생했다.

포스트 트루스 시대가 도래한 데에는 본질적으로 고도로 개인화된 특성을 가진 SNS의 영향이 크다. SNS는 주관적인 진실을 양산해 내고 사람들을 동질화된 작은 집단으로 묶었다. 코로나19 또한 매우 작은 집단에서 시작했지만 기하급수적으로 퍼져 완전한 팬데믹이 되었다.

다양한 미디어 매체들이 이야기를 서로 다르게 전했고 사람들 역시 서로 다른 방식으로 받아들였다. 특정 언론이나 SNS가 얼마나 신빙성이 있는가 하는 회의론은 혼란을 부채질했다.

감염병과 관련하여 밝혀지지 않은 바가 너무 많지만 사람들은 코로나19 전문가를 자청하며 나섰다. 팬데믹 위험이 너무 큰 나머지 예측 전문가, 미래학자, 분석가, 전략가, 경영진, 정치인들도 어쩔 수 없이 사태를 진단하고 판단을 내려야 했다.

최근 페이스북과 기타 SNS를 통해 외국의 정치 개입과 심리 공작이 이루어진 정황이 드러나면서 전문가들은 적극적으로 대응해야만 했다.

결과적으로 사실 정보가 부족해 야기된 혼란은 잘못된 전문지식을 부추기고 주관화된 진실은 회의론을 강화했다.

"피를 흘려야 이목을 끈다(if it bleeds, it leads)."라는 말은 언론계의 생리를 잘 보여 준다. 섬뜩하고 충격적인 뉴스일수록 더 중요한 뉴스가 되고 궁극적으로는 신문이나 TV 수익도 늘어난다. 이렇게 보면 중국의 야생동물 시장에서 비롯된 질병처럼 선정적인 게 또 없다. 야생동물 시장의 이미지가 서구 시청자들에게 한 번도 본 적 없는 외래동물을 연상시켜 정말로 코로나19 팬데믹을 일으킬 것 같은 믿음을 주기 때문이다.

일각에서는 코로나19 팬데믹의 위험성이 데이터상으로 나타나기 훨씬 이전부터 아주 무겁고 진지한 문제로 받아들였다. 반면 현시점에서도 현재 상황을 대수롭지 않게 받아들이는 이들이 있다.

이것이 '합의편향consensus bias'의 폐해이다.

객관적 진실과 현실이 주관적 인식의 문제가 되고, 고도의 개인 맞춤형 정보는 왜곡된 인식을 강화하며, 사람들은 동질적인 하위 집단을 이루고 주관화된 정보들을 소비하고 공유한다. 이것이 일그러진 미디어의 민낯이다. 이 같은 민낯은 코로나19와 같은 위기를 기회 삼아 고개를 들 것이다. 그때마다 미디어 생태계는 큰 피해를 볼 것이다.

코로나19 이후 미디어의 미래는 결코 낙관적이지 못하다. 국가적 정체성에 균열이 생길수록 미디어는 악의적으로 이용될 가능성이 커진다. 악의적인 이용이 사라질 기미를 보이지 않는 상황을 봐서는 사회를 하나 되게 하는 힘 역시 점점 더 약화할 것으로 보인다.

미디어와 SNS는 다른 분야와 마찬가지로 코로나19로 감추어졌던 것들을 활짝 드러냈다. 수면 아래에는 합의편향, 사이버 심리전의 위험, 주관화된 진실 등이 숨어 있었고, 이것들 중 어떤 것도 긍정적이지 않다.

12장

국제관계의 미래

미국과 중국의
치솟는 긴장 관계

"전 세계적인 경제·정치·군사에 대한 미국과 중국 간의 패권 경쟁이 어떻게든 완화될 것 같지 않다. 사실 코로나19는 갈등의 씨앗이 되어 경쟁 관계에 있는 양국 관계를 보다 긴장시키고 있다."

코로나19는 국제관계에 상당한 영향을 끼칠 것이다. 미·중 관계는 2018년 초 무역전쟁으로 경색되었고 이후 해소되지 않은 채 2018년을 지나 2019년까지 이어졌다. 미국이 중국에 부과한 몇 가지 주요 관세는 여전히 유효하다.

코로나19 팬데믹을 맞은 지금, 새로운 코로나바이러스가 어떻게 확산되는지에 따라 국제관계에 긴장감이 더해지고 있다.

트럼프 대통령이 코로나19를 계속해서 "중국 바이러스"라 부르길 고집하면서 물밑에서는 긴장감이 감돈다. 이러한 행보대로라면 전 세계적인 경제·정치·군사에 대해 미국과 중국 간의 패권 경쟁이 어떻게든 완화될 것 같지가 않다. 사실 코로나19는 갈등의 씨앗이 되어 경쟁 관계에 있는 양국 관계를 보다 긴장시키고 있다.

국제관계의 관점에서 코로나19가 단순히 국지적으로 유행하는 전염병이 아니라 전 세계적인 유행병이라는 사실은 문제를 좀 더 까다롭게 하는 측면이 있다. 코로나19 팬데믹은 일차적으로 질병과 고통, 죽음을 낳고 경기 침체의 위험성을 불러온 거대한 비극이다.

하지만 거대한 비극이 한 국가 안에서만 발생한다면 그 국가의 지정학적 입장에서 더 어려운 문제가 될 수도 있다. 예를 들어 미국이 문제를 가진 유일한 국가라면 미국의 위상을 지키기는 더욱 힘들어질 것이다. 이런 위험은 결국 현 체제를 안정적으로 관리하는 문제로 이어진다. 그리고 결국 세계에서의 위상을 계획하고 관리하는 능력에 악영향을 미칠 수 있다. 즉, 다른 국가가 겪지 않는 문제를 혼자서 가지고 있을 때 비대칭적이고 부정적인 지정학적 충격을 낳을 수 있다는 것이 코로나19의 실질적인 위험이다.

경제 초강대국의 대리전쟁

아무래도 이러한 지정학적 위험성에 대한 우려 탓에 미·중 관계에는 앙금이 남을 것으로 보인다. 중국 우한에서 발발한 바이러스는 결과적으로 전 세계로 퍼져 나가 각국에 영향을 끼쳤기 때문이다.

트럼프 대통령의 발언이 불러온 논란은 미·중의 신경전으로 비화해 코로나19 팬데믹이 종식된 이후에도 사태를 해석하고 대처하는 방식에 변화를 줄 것으로 보인다. 또한 전염병과 같은 중요한 문제와 관련하여 국가 간 신뢰에도 영향을 줄 수 있다. 잘 쌓아온 신뢰에 금이 갈 수 있는 것이다. 국제관계에서 가장 중요한 초석 중 하나가 바로 신뢰다.

신뢰 없이는 두 국가는 발전적인 관계가 될 수 없다. 하지만 최근 코로나19가 확산되는 양상을 지켜보면 서로에 대한 국가들의 신뢰가 부족해 보인다.

전 세계의 의료품 공급망에 문제가 생기자 미국인들의 안전이 실질적으로 위협을 받았다. 대통령이 과거 관세를 선호했던 것을 미루어 볼 때 더 많은 관세로 해법을 찾으려 할 수 있다. 철강과 알루미늄에 관한 미국의 무역확대법 232조가 국내 철강 생산을 증진하려는 조치였던 것처럼 코로나19 팬데믹으로 인한 공급망 문제와 경제적 무질서를 예방하는 차원에서 의료기기에 추가 관세를 부여할 가능성도 있다.

중요한 사실은 대통령에게 관세를 일방적으로 부여할 권한이 있다는 것이다. 이 권한에 관해서는 2018년 저서 『Midterm Economics』에서 심도 있게 탐구한 바 있다. 트럼프 대통령은 의료기기 및 개인용 의료 보호구가 자국 내에서 생산되어야 할 필수 품목이라고 생각해 관세를 부여하고 공급망에 변화를 주거나 영향력을 행사할 수 있다. 그리고 그 시점은 재선에 성공해 정치적 기회를 엿보는 때가 될 것 같지만 2020년 대선 이전이 될 수도 있다. 더욱이 미·중 간 긴장이 전 지구적 공급망을 양극화하고 결과적으로 미국은 좀 더 많은 제조업 기반을 중국에서 다른 곳으로 옮길 수 있다.

이렇게 되면 양국의 긴장감은 어느 때보다 고조될 것이다. 미국과 중국을 "예정된 전쟁"으로 몰아넣지는 않을지라도 국가 간 관계를 침식하는 훨씬 위험한 결과를 초래할 수 있다.[1]

당장은 눈앞에 놓인 무역 및 제조업 일자리 문제가 우려되지만 미국의 최종재(재화의 생산 단계 마지막에 얻어지는 완성품-옮긴이) 시장이 장기간 고립될 위험 속에서 제조업 기업들이 독자적으로 공급망을 재구성하고 미국과 미국-멕시코-캐나다 협정USMCA 지역 내 생산을 늘려갈 가능성도 있다.

그 말인즉 코로나19가 종식되고 나면 미국 내에서 재료 공급과 제품 생산이 늘어날 가능성이 있음을 시사한다. 그리고 경제 초강대국의 대리전proxy war이 지속되면 미국과 중국 간 긴장은 훨씬 고조될 것이다.

13장

국가 안보의 미래

국가 안보를 위협하는 요인이 달라졌다

"문제는 위험 요인들이 코로나19 이후에도 되풀이될 수 있다는 것이다. 따라서 위험에 미리 대비해 두는 것이 결정적으로 중요하다. 팬데믹이 또 한 번 찾아왔을 때는 우연한 사고가 아닐 것이기 때문이다."

코로나19 팬데믹은 우리 사회·경제·안보 곳곳에 덮인 베일을 벗겨냈다. 그리고 공공연한 비밀과 간과된 위험을 세상에 드러나게 했다.

코로나19 팬데믹은 국가 안보 면에서 국경을 경계하는 것의 중요성을 드러냈다. 의료품, 의료기기, 생필품을 비롯해 장갑과 마스크 같은 개인용 의료 보호구와 같이 핵심 물품이 글로벌 공급망에 의존하는 현실과 재고량이 부족하다는 위험성을 강조했다.

국가 안보의 일부가 된 공급망

부족한 공급량은 공급망의 거리가 멀수록 국가 안보에 위험 요인이 된다. 앞서 10장에서 밝힌 것처럼 대부분의 기업은 재고량을 낮은 수준으로 운영했다. 무역 상대국 간의 지리적 거리가 멀면 상품을 주문하고 받는 데 시간이 걸려 바닥난 재고 역시 공급망의 문제를 만들어 낸다.

우리가 경험했듯이 이것은 의료기기와 개인용 의료 보호구의 경우 중요했다. 무역 리스크는 이미 미국의 국가 안보 문제다. 특히 가공용 철강에 대한 무역 리스크는 철강 및 알루미늄에 관한 미국의 무역확대법 232조를 추진시킨 아주 중요한 요소다. 301조 관세 역시 미국의 지식 재산권에 대한 중국의 위협이 미국의 국가 안보를 위협하는 요인이라는 우려에서 부과됐다.

코로나19로 인해 개인용 의료 보호구와 의료기기들 역시 무역 논쟁의 핵심이 되었다. 이전에는 다소 경미하게 간주되던 위험이 이제는 국가 안보에 대한 위험이라는 초당적 합의가 이루어지면서 미·중 무역전쟁이 현 수준보다 가열될 것으로 보인다. 민주당과 공화당 모두가 사회질서를 유지하기 위해 금속 자재, 개인용 의료 보호구, 식료품, 위생용품 등이 얼마나 중요한지 공감대를 이룬 것이다. 한편 상품의 이동 거리가 너무 멀어 빠른 배송이 어려운 지역에서는 안전한 공급망을 유지하는 것이 본질적으로 어렵다.

앞으로 이러한 문제에 대해 논의의 장이 많이 열리고 활발해질 것으로 보인다. 머지않아 민주당과 공화당 의원들이 의료기기, 개인용 의료 보호구, 식료품, 위생용품, 의약품 등 필수적인 품목의 공급망을 확보하기 위해 몸소 멀리 날아가는 모습을 볼 수 있을 것이다. 이러한 정치적 행보를 통해 또 다른 팬데믹이 찾아왔을 때 미국인들의 생명과 안전을 지키고 미국 경제의 피해를 최소화하려는 노력을 보여 주려고 할 것이다

미국 내 코로나19 확산을 늦추고 '그래프 누르기flatten the curve(감염자 수 그래프의 기울기를 줄이는 것으로 확산세를 둔화시키는 시도를 말한다-옮긴이)'를 시도해야 하는 중요한 이유는 의사, 간호사, 병원, 산소 호흡기, 의료용 장갑, 의료용 마스크 등과 같은 의료 인력과 자원이 절

대적으로 부족하기 때문이다. 이 같은 인력과 자원을 확보해 활용할 수만 있다면 미래에 경제를 보호하고 사람들의 생명을 구하는 일은 어렵지 않을 것이다.

여론 조작의 위험성

코로나19를 겪으면서 미국이 팬데믹과 같은 사태에 이용당할 위험이 있다는 것을 알았다. 만일 팬데믹 사태가 미국을 겨냥하여 발생했더라면 국가 안보에 심각한 위협이 되었을 것이다. 혹은 미국이 그래프 누르기에 나서는 것이 유익하다는 주장에 속아 믿었다면 이 역시 위험한 일일 것이다.

코로나19를 통해 대중들이 언론과 SNS에서 던지는 메시지에 얼마나 취약한지, 여론이 얼마나 쉽게 사실과 무관한 주장에 조작될 수 있는지를 알 수 있었다. 관련하여 심리 공작의 위협과 주관화된 진실의 위험성에 대해서는 11장에서 살펴본 바 있다.

간단히 말하면 미국은 국가 안보의 관점에서 기술, 보건, 의료, 식료품, 소비품, 여타 공급망 등을 더 강화하여 국가의 안정성을 최대한 보장하고자 할 것이다. 코로나19는 팬데믹 수준의 바이오bio 공격으로 미국에 줄 수 있는 영향력이 경제를 파괴하는 수준을 뛰어넘는다는 것을 보여 줬다.

만일 미국의 적국이 전통 미디어와 SNS에서 심리 공작을 결합하여 공격에 나선다면 단기적인 효과라 할지라도 하나의 실체로서 사회적 혼란과 정치적 불안정성 그리고 경제적 파괴를 일으킬 수 있다.

이러한 진단이 극단적으로 들릴 수 있지만 현실에서는 매장마다 식료품이 동이 나고 많은 미국인이 집에서 자발적 격리를 하면서 밖으로 나오지 않았다.

정책 면에서는 미국 연준이 잠재적으로 4조 달러를 추가함으로써 대차대조표를 대폭 확장했다. 그리고 코로나경기부양법안은 2조 3천억 달러 규모의 경기 부양 패키지를 포함했다. 이러한 정책 조치만 봐도 팬데믹에 대한 준비 미흡으로 인해 치르는 대가가 얼마나 큰지 알 수 있다.

미국 경제 전체의 붕괴를 막기 위해 복지 지원금으로 쏟아부은 6조 달러가 넘는 비용을 생각하면 인공호흡기, 마스크, 장갑을 좀 더 많이 생산하고 더 많은 의료진을 양성하는 비용은 극히 미미했을 것이다.

하지만 애석하게도 주요 외교, 국제관계, 국가 안보 분야의 전문가들은 이 같은 예방적 조치를 좀처럼 고려하지 않는다.

NOISE 프레임워크

코로나19 팬데믹이 국가 안보에 갖는 중요한 함의를 생각하면서 국가 안보와 정치적 안정에 가장 중요한 요소들을 뽑아 정리해 보았다. 평온한 일상에 코로나19가 소음noise과도 같은 존재가 되어 버렸다는 점에 착안해 'NOISE 프레임워크'라 이름을 붙여 보았다.

Necessities(필수품) - 식량, 물, 에너지, 주거지, 안전

Occupations(직업) - 일자리, 소명, 취미

Information(정보) - 정확하고 완전한 정보를 습득할 수 있는 것

System(시스템) - 금융, 보건, 대중교통, 교육

External(외부 요인) - 국제관계, 군사, 공급망, 무역

첫 번째는 필수품이다. 여기에는 식량, 물, 에너지, 주거지, 안전이 포함된다. 이것들 없이는 사람들은 정치적으로 불안정한 위험에 노출될 것이다.

만일 이것들이 안정되어 있다면 한 국가나 경제는 급격한 동요 없이 일정하게 유지된다. 가장 최근 코로나19 팬데믹으로 대두된 문제는 안전과 식량에 관한 것이다. 전기나 수도와 같은 공익 사업, 미국의 공급망, 사회 기본 서비스를 유지하는 것은 아주 중요하다.

두 번째로 직업이다. 사람은 무엇인가 일할 거리가 필요하다. 은퇴 후 정말 아무것도 하지 않고 지낼 수 있는가? 개별적으로 보면 물론 그럴 수도 있다. 하지만 국가 전체로 보면 사람들에게는 일자리, 소명, 취미가 필요하다. 뭐가 됐든지 간에 일을 해야 한다.

"게으른 손은 악마의 작업장이다(idle hands are the devil's workshop)." 아무 일도 하지 않고 손이 놀고 있으면 그 틈을 타 나쁜

일을 도모한다는 말이다. 사람들이 코로나19로 인해 외출 자제에 나서면서 일은 중요한 화두가 되었다. 일부 인력은 여전히 남아 일을 하지만 일자리를 걱정하는 이들도 있다. 이들에게 코로나경기부양법안은 중요하다. 사람들이 당장은 일할 수 없더라도 팬데믹이 끝나면 직장을 구할 수 있다는 믿음을 가질 수 있어야 한다.

세 번째 요소는 정보다. 정보는 의견이 아니다. 질서를 유지하고 불안을 잠재우기 위해서는 사실 정보가 아주 중요하다. 정확하고 완전한 정보를 습득할 수 있어야 한다. 반면 허위 정보, 왜곡된 정보, 심리 공작, 사실처럼 포장된 의견, 객관적인 사실이 아닌 주관화된 진실은 이것을 방해하는 요인들이다.

네 번째 요소는 시스템이다. 국가 안보는 금융, 보건, 대중교통, 교육을 포함해 많은 중요한 시스템들이 적절히 작동해야 보장될 수 있다. 코로나19 팬데믹은 이 모든 시스템에 타격을 입히고 정상적인 작동을 어렵게 했다.

마지막으로 국가 안보의 안정성을 위해 중요한 것은 외부 요인이다. 여기에는 국제관계, 해외 파병 및 작전 수행, 글로벌 공급망, 무역 등이 포함된다. 다행히도 코로나19 팬데믹의 여파는 국제관계와 군사 안보와 같은 핵심 요소들을 빗겨 갔다. 하지만 글로벌 공급망과 무역은 직격탄을 맞았다.

NOISE 프레임워크를 살펴보면서 국가 안보와 정치적 안정성을 지탱하는 요소들이 사실은 코로나19 팬데믹으로 크고 작은 영향을 받고 있음을 알 수 있다. 그리고 이러한 위험성은 일련의 조치들을 정당화했다. 연준은 주식 시장을 지탱하기 위해 극단적 조치를 내놓았고, 연방정부도 일자리 보존을 위해 2조 3천억 달러 상당의 코로나경기부양법안을 통과시켰으며 백악관 보좌관과 트럼프 행정부의 참모진이 직접 일일 브리핑을 주관하고 정보를 공유하고 있다. 의료기기, 의료 장비, 의약품, 개인용 의료 보호구 등을 중심으로 공급망 규제와 법률이 향후 변할 수 있다는 예측도 나온다.

코로나19 팬데믹은 미국의 국가 안보를 벼랑 끝으로 몰아세웠다. 하지만 관료와 정치인들이 신속하게 중요한 조처를 한 덕분에 지금까지 현상 유지가 가능했다.

문제는 위험 요인들이 코로나19 이후에도 되풀이될 수 있다는 것이다. 따라서 위험에 미리 대비해 두는 것이 결정적으로 중요하다. 팬데믹이 또 한 번 찾아왔을 때는 우연한 사고가 아닐 것이기 때문이다. 다음번에는 우리를 구체적인 타깃으로 삼을 수 있다. 미래에는 국가 안보가 코로나19 팬데믹과 같은 종말론적 사태에 대한 전략적 대비를 구축하는 데에 초점이 맞춰질 것으로 보인다.

제조업 기업과 국가 안보

광범위한 수준의 국가 안보 위험과 더불어 코로나19 팬데믹으로 드러난 또 다른 위험 요인은 국가 안보 분야 공급업체들의 업무가 중단될 가능성이 있다는 점이다.

비행기 제조사나 비행기 부품 제조 회사처럼 국가 안보 목적으로 제품을 생산하는 일부 업체들은 항공편 감소로 경제와 기업 사정이 악화되자 수입에 큰 타격을 입었다. 이것은 코로나19 팬데믹이 가져온 이차적 여파이지만 국가 안보 면에서는 일차적이고 아주 중요한 이슈다. 향후 국가 안보 기관들에서는 핵심 공급업체들의 경제 및 기업 리스크를 보다 적극적으로 모니터링할 필요가 있다. 이는 방위산업에 필수 자재를 공급하는 스타트업부터 완성품을 납품하는 상장된 대형 업체들에 이르기까지 모두 마찬가지다.

정부가 앞으로 이러한 위험을 어떻게 해결하느냐는 논쟁의 여지가 있고 명확하지 않아 보인다. 하지만 한 가지는 확실해 보인다. 아무리 거대한 안보 기업들이라 하더라도 이번 위기에 무너질 수도 있지만 그렇게 도산시키기에는 그 역할이 매우 중요하다.

14장

정치의 미래

일자리를 비롯한
경제가 선거를 좌우한다

"가장 중요한 것은 미국의 일자리다. 더 정확히 말하면 실업률이 트럼프 행정부의 재선 캠
페인에 직접적인 영향을 미칠 것이다."

코로나19 조치들이 얼마나 오래 지속될 것인지는 확실치 않다. 그럼에도 한 가지는 분명하다. 전염병 확산 우려가 높은 수준으로 유지되고, 조치가 계속되는 한 투표는 어렵다는 것이다.

2020년 대선을 앞두고 경제, 코로나19, 국가 안보 이슈들이 대선 토론의 주제가 될 것이다. 그리고 토론이 진행되면서 사람들의 투표에도 영향을 미칠 것이다.

아무래도 코로나19 사태가 장기화할 것인지가 사람들의 투표에는 가장 큰 영향을 줄 것으로 보인다. 만일 코로나19의 우려가 향후 몇 달 동안 계속된다면 부재자 투표가 늘어날 가능성이 있다.

부재자 투표용지를 계수하는 데에는 훨씬 더 많은 시간이 걸리고 이 과정에는 불확실성과 리스크가 따른다. 당선인이 결정되기까지 시간이 길어질수록 기업들의 사업 계획과 금융 시장에 미치는 부정적 영향은 보다 커질 것이다.

어떻게 투표할 것인가

부재자 투표의 개표는 투표장에서 이뤄지는 전자 투표 방식만큼 즉석에서 이뤄지지 않는다. 물론 부재자 투표용지를 봉투에 넣는 것보다 더 빠른 투표 방법이 있고 원격으로 투표할 수 있는 더 쉬운 방법도 있다.

한 가지 예로 문자나 컴퓨터 로그인을 통해 원격 투표를 하는 방법이 있다. 물론 여기에는 많은 문제가 있다. 작게는 모든 사람이 원격 투표에 참여하지 못할 수 있다는 문제가 있다. 어떤 사람들은 스마트폰이나 컴퓨터를 갖고 있지 못하기 때문이다. 전화기가 있든 컴퓨터가 있든 투표에 대한 접근성이 보장되어야 한다.

더 큰 문제는 미국처럼 큰 나라에서는 전자 투표 시스템으로 전환하는 것이 매우 어렵다는 것이다. 미국 전역에 전자 투표 시스템을 구축하려면 상당한 비용이 든다. 그뿐만 아니라 투표 데이터를 기록할 수 있는 새로운 권한을 승인받아야 하는 문제가 있어 법이나 규제에 상당한 변화가 필요해 보인다. 데이터 보안과 관련하여 투표 기록, 시스템망, 계표 등을 보호하는 큰 과제가 있다. 이 모든 것들이 원격 전자 투표 시스템을 가동하고 실행하는 데에 위험 요소가 된다. 팬데믹이 여전히 기승을 부리는 지금 아직 변화를 위한 준비가 되어 있지 않다.

전자 투표 시스템은 투표용지를 동봉하여 투표함에 넣고 이를 다시 꺼내 계수하던 방식과는 사뭇 대조적이다. 오랫동안 해왔던 기존의 방식은 새로운 기술 플랫폼이나 새로운 시스템이 필요하지 않다. 다만 계수해야 할 투표용지 수가 너무 많을 뿐이다.

그나마 다행인 점은 부재자 투표가 행해진 지는 꽤 오래되었다는 것이다. 부재자 투표에는 다양한 사례가 있는데, 실제로 1997년부터 텍사스 주민들은 우주에서도 투표할 수 있게 됐다.[1]

투표 문제를 개선하려 하지 말자거나 온라인 방식을 모색하지 말자는 것이 아니다. 이것들은 확실히 논의할 만한 가치가 있지만 시스템을 구축하기까지 시간이 걸리고 많은 예산이 들어간다. 시간이 덜 드는 방법이 있다면 그것은 이미 존재하는 투표 방법을 사용하는 것이고 유권자의 투표 참여를 독려하는 것이 2020년 미 대선을 앞둔 현재로선 가장 좋은 임시방책이다.

미국 부재자 투표에 대한 자세한 내용은 아래 주소를 참조하면 된다.

https://www.usa.gov/absentee-voting#item-37337

장기적으로 볼 때 코로나19로 인한 특별한 상황은 온라인 투표에 대한 움직임으로 이어질 수도 있다. 그리하여 의회는 미래에 비슷한 사태가 발생할 경우를 대비해 의회 법안을 원격으로 투표할 수 있는 수단을 개발할지도 모른다.

경기 순환과 선거의 관계

과거와 마찬가지로 경제는 2020년 대선에서 가장 중요한 쟁점이 될 것이다. 내 저서 『The Dumpster Fire Election』나 『Midterm Economics』에서 밝힌 바와 같이 경제는 대선 결과에 영향을 미치는 요인이 될 것이다.

가장 중요한 것은 미국의 일자리다. 더 정확히 말하면 실업률이 트럼프 행정부의 재선 캠페인에 직접적인 영향을 미칠 것이다.

1854년 이후 대선의 시점과 불황이 시작한 시점 사이에는 역사적 관계가 있다.

미국이 2009년 6월에 대불황이 끝난 이후 10년 동안 경기 순환이 확장 국면에 있었기 때문에 선거 주기성을 분석하며 가장 우려했던 지점은 경기 침체의 시작 시점이었다. 가장 최근의 경기 순환은 미국 역사상 가장 긴 순환이었다.

하지만 『Dumpster Fire Election』에서 경고한 것처럼 "이 또한 지나갈 것이다".

그렇기 때문에 다음번 불경기의 시기와 시작을 가늠하는 것이 중요하다. 불황의 시작 시점을 살펴볼 때 나는 일종의 선거 주기성을 발견했는데 그것은 불황과 대선의 시점이 어떻게 일치하느냐 하는 것이다. 여기에는 두 가지 중요한 속성이 있다.

한 가지는 '선거-불황 동시성'이라고 불리는 특징이다. 선거 주기에 있어 경기 침체 가능성은 특징적으로 대선 직전이나 직후부터 높아졌다.

이러한 동시성은 20세기 초 대공황 이후 한 번의 불황을 제외하고는 모두 들어맞았다.

두 번째 속성은 임기 제한과 경제 성장의 관계로 경제 성장이 대통령 임기 제한에 맞물린다는 것이다. 불경기가 한 번도 시작되지 않고 대통령 임기가 세 번을 지나간 사례가 없다.

1854년 이래로 그러한 사례는 찾을 수 없다. 1854년이면 활용할 수 있는 미국 경제 및 경기 침체 데이터를 모두 활용해 분석한 것이다.

선거-불황 동시성

경기 침체가 시작될 수 있는 시기는 짧다. 그리고 대체로 대선에 맞추어 시작되었다. '선거-불황 동시성'이라고 부르는 현상이다.

1854년 이후로 공식적인 경기 침체의 시기로 모두 거슬러 올라가 보면 1928년 이후로 선거와 불황의 시차가 상당히 좁아졌음을 알 수 있다. 다시 말해 대공황 이후 경기 침체 주기는 그 이전 시기보다 선거와 더 가까운 시점에서 시작되었다. 게다가 1928년 이후로 경기 침체 주기의 시점이 대선 전으로 11개월 대선 후로 13개월이란 기간을 넘어 나타난 적은 딱 한 번뿐이었다. 이처럼 시점이 근접한 것이 바로 선거-불황 동시성의 핵심이다. 그리고 바로 지금이 그때인 것이다!

임기 제한 속 경제 성장

경기 침체 없는 선거는 있었지만 경기 침체 시점을 한 번도 맞지 않고 연속으로 세 번 이상 대통령 임기가 지나간 적은 없다. 절대로.

역사적으로 볼 때 1854년 이후로 경기 침체 없이 대선 주기를 맞았던 횟수는 최대가 두 번이었다. 예외는 없었다. 이것을 선거 주기성의 두 번째 특징으로 임기 제한 속 경제 성장이라고 생각해 보자.

2019년 6월 출간한 『The Dumpster Fire Election』에서 "미국의 경기 주기 역사를 통틀어 발견되는 패턴을 미루어 볼 때 트럼프 대통령이 현 임기를 마치기 전에 다음번 경기 침체가 시작할 것으로 본다."라고 밝힌 적 있다.

코로나19의 경제적 영향을 현시점에서 그리고 단기적으로 내다볼 때 선거 주기성의 변화와 선거-불황 동시성은 다시금 맞아떨어지는 것처럼 보인다.

실업률의 중요성

미국 역사상 재선에 실패한 대통령은 12명에 불과하다. 지난 100년간으로 좁히면 지미 카터, 조지 H. W. 부시, 허버트 후버 대통령 등 총 3명뿐이다. 3명의 대통령 외에도 닉슨 대통령이 사임하면서 대통령직을 대체한 포드 대통령도 포함된다고 보는 견해가 있다. 포드 대통령도 재선에서 낙마했다.

카터, 부시, 후버, 포드 이렇게 4명의 대통령이 가진 공통점은 중간선거 해의 11월보다 대통령 선거 해의 11월 실업률이 더 높았다는 것이다. 이러한 특징은 1930년 이후 다른 어떤 행정부 첫 임기에서도 발견되지 않는 면이다.

후버 행정부를 제외한 모든 경우를 〈도표 14-1〉에 정리해 두었다. 대공황을 겪었던 후버 행정부는 최악의 실업률을 기록했다. 중간 선거 해였던 1930년 말 3.2%였던 실업률은 다음 대통령 선거 해인 1932년 말 16.9%까지 올랐다.[2]

<도표 14-1> 경제 데이터 변화[3]

경제 지표	대통령 임기 중간선거 해	트루먼 1950년	아이젠 하워 1기 1954년	아이젠 하워 2기 1958년	케네디 /존슨 1962년	존슨 1966년	닉슨 1970년	닉슨/포드 1974년	카터 1978년
주택 준공량	중간선거 달(11월)				1622	961	1647	1026	2094
	다음 대선 직전 달(10월)				1524	1569	2485	1629	1523
	변화량				-98	608	838	603	-571
산업 생산 지수	중간선거 달(11월)	3.4	-0.1	0.7	1.1	2.5	-2.4	-2.5	3.3
	다음 대선 직전 달(10월)	1.8	0.7	0.8	1.3	2.0	4.3	3.0	-1.7
	변화량	-1.6	0.8	0.1	0.2	-0.5	6.7	5.5	-5.0
실업률	중간선거 달(11월)	4.2	5.3	6.2	5.7	3.6	5.9	6.6	5.9
	다음 대선 직전 달(10월)	3.0	3.9	6.1	5.1	3.4	5.6	7.7	7.5
	변화량	-1.2	-1.4	-0.1	-0.6	-0.2	-0.3	1.1	1.6
자동차 판매량	중간선거 달(11월)								15.5
	다음 대선 직전 달(10월)								11.4
	변화량								-4.1
실질 GDP	중간선거 달(11월)	8.7	-0.6	-0.7	6.1	6.6	0.2	-0.5	5.6
	다음 대선 직전 달(10월)	4.1	2.1	2.6	5.8	4.9	5.3	5.4	-0.2
	변화량	-4.6	2.7	3.3	-0.3	-1.7	5.1	5.9	-5.8

<도표 14-1> 경제 데이터 변화[3]

경제 지표	대통령 임기 중간선거 해	레이건 1기 1982년	레이건 2기 1986년	41대 부시 1990년	클린턴 1기 1994년	클린턴 2기 1998년	43대 부시 1기 2002년	43대 부시 2기 2006년	오바마 1기 2010년	오바마 2기 2014년
주택 준공량	중간선거 달(11월)	1372	1623	1145	1511	1660	1753	1570	545	1001
	다음 대선 직전 달(10월)	1590	1522	1244	1392	1549	2072	777	915	1327
	변화량	218	-101	99	-119	-111	319	-793	370	326
산업 생산 지수	중간선거 달(11월)	-3.3	0.9	0.1	4.4	3.2	3.1	1.6	4.8	3.8
	다음 대선 직전 달(10월)	2.9	1.9	1.9	3.8	2.4	3.2	-7.4	1.8	-1.3
	변화량	6.2	1.0	1.8	-0.6	-0.8	0.1	-9.0	-3.0	-5.1
실업률	중간선거 달(11월)	10.8	6.9	6.2	5.6	4.4	5.9	4.5	9.8	5.8
	다음 대선 직전 달(10월)	7.4	5.4	7.3	5.2	3.9	5.5	6.5	7.8	4.9
	변화량	-3.4	-1.5	1.1	-0.4	-0.5	-0.4	2.0	-2.0	-0.9
자동차 판매량	중간선거 달(11월)	12.0	14.8	13.1	15.9	16.1	16.5	16.7	12.3	17.2
	다음 대선 직전 달(10월)	14.6	15.2	13.7	15.3	17.5	17.5	10.9	14.8	18.2
	변화량	2.6	0.4	0.6	-0.6	1.4	1.0	-5.8	2.5	1.0
실질 GDP	중간선거 달(11월)	-1.9	3.5	1.9	4.0	4.4	1.8	2.7	2.5	2.6
	다음 대선 직전 달(10월)	7.3	4.2	3.6	3.8	4.1	3.8	-0.3	2.2	1.5
	변화량	9.2	0.7	1.6	-0.2	-0.4	2.0	-3.0	-0.3	-1.1

정치 체스판과 전쟁터가 된 주州들

대통령 선거철이면 미국은 선거 표를 둘러싼 거대한 지리적 체스판이 된다. 2020년 미 대선에서 대부분의 주는 일찌감치 빨간 주와 파란 주(공화당 후보 당선이 확실한 주는 빨간 주red state, 민주당 후보 당선이 확실한 주는 파란 주blue state라 부른다-옮긴이)로 나뉘었고 경합주swing state 들은 대선 결과를 좌지우지하는 전쟁터가 되었다.

물론 우리가 분석한 바에 따르면 전쟁터가 된 경합주를 흔드는 것도(일반적으로 선거에서도 그렇듯이) 실업률이다. 〈도표 14-1〉의 데이터는 대통령의 재선 성공 가능성에 대해 시사하는 바가 크다.

트럼프는 재선에 성공할 수 있을까

일자리가 중요한 것은 사실이다. 일자리는 항상 중요하다. 일자리 상태와 실업은 2020년 대선에서도 중요할 것으로 보인다. 2018년 11월 실업률은 3.7%로 유례없이 낮은 수준이었다. 하지만 역사적으로 낮은 수준의 실업률도 지속하기는 어렵다. 2020년 초만 해도 올해 10월까지 낮은 실업률이 유지되리라고 전망하는 것이 상식적인 기대였다.

하지만 뜻밖의 코로나19 팬데믹으로 실업률이 치솟아 이러한 기대는 완전히 뒤엎어졌다. 대선이 가까운 현시점에서는 실업률이 2018년 11월 수준과 비교해 훌쩍 뛰어넘을 것으로 보인다.

코로나19는 미 실업률에 결정적 영향을 끼쳤고 2020년 2분기 실업률은 유례없이 높은 수준이 될 것 같다. 게다가 그렇게 치솟은 실업률과 무직률은 3분기와 4분기 혹은 그 이상으로 계속될 것으로 보인다.

사실 내가 가진 분석 모델에 기반해 볼 때 향후 적어도 2년 반 동안은 높아진 실업률이 팬데믹 이전 수준으로 돌아갈 가능성은 없어 보인다.

지난 한 세기의 역사 동안 보여 준 미 실업률 및 미 대선 데이터 간의 패턴을 미루어 볼 때 트럼프가 재선할 확률은 낮아 보인다.

변하는 것과 변하지 않는 것

2020년 대선에 가까워지면서 어떤 것들은 변하고 어떤 것들은 변하지 않을 것이다. 앞서 본 것처럼 경제는 사람들의 투표 방식에 큰 영향을 미치며 그 중요성은 2020년 대선에서도 변하지 않는다.

이번 선거에서는 좀 더 광범위한 초당적 합의가 이뤄질 것으로 보인다. 무역과 공급망 리스크 그리고 중국과 관련한 국가 안보 이슈 등이 주요 쟁점이 될 것이다.

물론 경기를 부양하고 회복을 촉진하려는 조치와 향후 대처 방법에 대해서는 후보자마다 생각이 다르겠지만 코로나경기부양법안이 초당적 지지를 받았고 실업률 리스크가 커짐에 따라 과거 신봉하던 재정 보수주의 기조를 양당 모두 버릴 것으로 보인다.

 이 글을 쓰는 현시점에서 코로나19의 여파로 드러난 경제의 취약성은 아직 모두 드러나지 않았다. 우리가 처한 특별한 상황을 고려할 때 그 결과 역시 평범하지 않으리라 예측할 뿐이다. 그럼에도 불구하고 경제가 계속해서 어렵다면 트럼프 대통령 재선 가능성은 줄어든다.

15장

리더십의 미래

갈수록 리더십은 필수가 된다

"앞으로 다가오는 변화로 인해 리더십을 발휘하는 것은 업무에서 중요한 부분이 될 것이다. 특히 갈수록 변화하고 지리적으로도 더 분산된 기업의 조직 사다리에서 승진하려면 리더십이 필수적이다."

미래는 지금과 다를 것이다. 그리고 가장 중요한 변화 중 하나는 사람들이 일하는 방식이다.

앞으로 지속할 변화 또는 잠재적으로 빠르게 달라질 변화를 두고 '일자리의 미래'라 한다. 리더는 앞으로 무엇이 다가오는지, 앞으로의 변화가 리더십에 어떤 의미가 있는지 알고 있는 것이 중요하다.

앞으로 다가오는 변화로 인해 리더십을 발휘하는 것은 업무에서 중요한 부분이 될 것이다. 특히 갈수록 변화하고 지리적으로도 더 분산된 기업의 조직 사다리에서 승진하려면 리더십이 필수적이다.

최근 몇 년 동안 가파르게 성장하고 있는 트렌드가 재택근무다. 2005년부터 2015년 사이 재택으로 근무하는 인력은 두 배가 되었고 이 같은 증가세는 주춤할 기미가 보이지 않는다. 오히려 더 속도가 붙을 것으로 보인다.

내가 금융리서치기업인 프레스티지 이코노믹스를 처음 설립할 2009년 우리의 업무는 재택근무에 맞게 설계되었다. 별도의 사무실 공간이란 것이 없었다. 당시 사람들은 미친 짓이라고 생각했다. 그때 내가 오히려 서커스단에 들어가기로 했다고 말한다면 주변 지인들이 덜 놀랐을지 모르겠다.

하지만 정확히 10년이 흐르고 2019년이 되었을 때 일자리의 30%

가 풀타임 재택근무로 바뀌었고, 54%가 적어도 달마다 한 번씩은 재택근무가 있는 일이다.[1]

재택근무는 위대하다. 재택근무로 인해 일하는 방식과 시간, 장소 모두 유연해진다. 하지만 직장 동료들, 부서장, 고객들과 물리적으로 연결되는 것은 줄어든다. 그 물리적인 거리를 극복할 유일한 방법은 눈에 띄는 것이다.

일을 잘하는 것은 중요하다. 일을 잘하는 것이 첫 번째다. 하지만 재택근무로 서로 흩어져서 일하는 직장이라면 일만 잘하는 것으로는 충분하지 않다.

사람들이 종종 하는 말은 "돋보이는 사람이 되기 위해서는 눈에 띄어야 한다."는 것이다. 그것이 핵심이다. 돋보이는 사람이 되기 위해서는 눈에 띄어야 한다.

눈에 띄기 위한 긍정적인 방법을 찾아야 한다. 시간과 공간적으로 떨어져 있는 사람들에게 알고 있는 것을 잘 보여 주어야 한다.

눈에 띄는 리더가 되는 것은 단지 현재를 위한 연습이 아니다. 물리적 제약을 넘어 리더로서 존재감을 드러내 보이는 것은 향후 커리어의 성공과 승진을 위해 갈수록 중요한 요소가 될 것이다.

리더의 이 같은 역량이야말로 코로나19 팬데믹으로 인한 재택근무 시대에 가질 수 있는 가장 큰 전문직의 면모이지 않을까.

물리적 거리를 넘어 리더십을 효과적으로 투영할 수 있어야 한다.

16장

여행과 레저의 미래

여행에 대한
인식의 변화

"가처분소득의 감소와 정부의 규제로 향후 수년간 관광 산업과 관광 지역에 부정적 영향을
미칠 것이다."

여행 및 레저 산업은 코로나19로 심각한 타격을 입었다. 그 여파는 올해 내내 이어지고 그 이후에까지 계속될 수 있다.

이 같은 전망은 한 가지 질문에서 시작한다. "코로나19가 끝나면 얼마나 빨리 라스베이거스로 여행을 떠나 카지노에 가거나 올란도로 놀러 가 테마파크를 방문할 것 같은가?"

이 질문은 향후 1, 2년 후의 여행에 상당한 영향을 끼칠 것이다. 코로나19의 장기적인 영향으로 여행과 레저의 미래가 어떤 영향을 받게 될지 고민해 봐야 한다.

여행 수단에는 어떤 변화가 나타나겠는가? 여행의 목적지는 어떻게 달라지겠는가? 이처럼 예외적인 상황에서 어떤 새로운 트렌드가 나타날 수 있겠는가?

한번 알아보자!

여행 지역과 관광 산업이 입은 피해

올해와 내년까지 코로나19가 미친 부정적 위험과 여파는 단연 라스베이거스, 올란도, 뉴올리언스와 같은 주요 관광 도시들에서 가장 클 것이다.

코로나19로 뉴욕시, 오스틴, 휴스턴, 샌디에이고, 애슈빌과 같이 관광 산업이 발달하고 대규모 회의가 개최되는 지역들은 경제적 타격이 상당할 것이다.

비즈니스 손실은 관광 산업의 인력과 기업들에 직접적인 영향을 미치게 되고 나아가 다른 산업에도 이차적 영향을 가하고 심지어 삼차적인 파장까지 일으킬 수 있다.

사실 관광객과 콘퍼런스 유치 감소는 생각보다 파장이 커서 관광 지역과 밀접한 지역 주택 시장에까지 부정적 영향을 끼칠 것으로 보인다.

부정적인 경제 위험은 일차적으로 관광객의 밀집을 막기 위해 정부가 규제한 탓이지만 경제적 여파에 따른 가처분소득의 감소는 향후 수년간 관광 산업과 관광 지역에 부정적 영향을 미칠 것이다.

강제 홈캉스의 여파

관광 밀집 도시에는 단기적으로 경기 침체 가능성이 있어 보이지만 코로나19의 경험이 중기적으로 관광에 미칠 영향은 다소 복합적이고 불확실하다.

그 영향이 어떻게 나타날지 알기 위해서는 결정적으로 중요한 질문들을 몇 가지 던져야 한다.

예를 들면 사람들이 예상외로 코로나19에 따른 '이동제한령'으로

집 안에 머무는 시간이 즐거우면 어떻게 될까? 비록 강제이지만 홈캉스(집에서 보내는 휴가를 뜻한다-옮긴이)가 되지는 않을까?

결국 강제 자가 격리에 대한 긍정적 경험으로 향후 이국적인 장소를 찾아 여행하는 휴가보다 익숙하고 편안한 집에서 휴식을 즐기는 쪽으로 선호가 바뀔 수 있다.

지금 어떤 장담이나 가설을 제시하려는 것이 아니라, 앞으로 일어날 수 있는 한 모습에 대해 말하려는 것이다.

사람들은 새로운 경험을 할 때마다 누군가는 그 경험을 긍정적으로 받아들였고 그로 인해 이들의 선호가 바뀌었다. 물론 새로운 경험을 싫어하는 이들도 있다.

그렇다. 사람들은 강제 자가 격리 조치를 일종의 홈캉스처럼 생각할 가능성이 있다. 홈캉스라는 말이 사용된 지는 20여 년이 채 되지 않았고 상대적으로 생소할 수 있지만, 오래전부터 이러한 트렌드가 나타나기 시작한 것이다. 나 역시 홈캉스를 해봤고 생각보다 즐거운 경험이었다.

하지만 강제 격리를 즐거운 시간으로 여기는 사람들이 있는 것처럼 반대로 답답해하고 싫어하는 사람들도 있다. 집에서 보낸 시간이 그리 즐겁지 않아 다시는 집에만 갇혀 지내지는 않으리라 마음을 먹는 이들도 있을 것이다.

어떤 마음을 먹든 새로운 경험은 여행과 휴가에 새로운 변화를 가져올 것이고 중기적으로 향후 여행 수요에 영향을 미칠 것이다. 물론 그 경험이 어땠는지 사람들의 평가는 두고 볼 일이다.

사람들의 선호가 어떻게 달라질까 하는 전망과는 무관하게 한 가지 확실한 것이 있다. 앞으로 사람들이 사회적 거리 두기 자체에 대한 개념을 갖게 되리라는 점이다. 단기적으로나 중기적으로나 마찬가지다.

장기적으로 멀리 내다볼 때 이러한 영향이 어떻게 달라질지는 지켜볼 일이다. 단기적으로는 사람들이 휴가를 계획할 때 축제, 테마파크, 사람들로 붐비는 리조트, 카니발, 박람회, 콘서트, 대규모 행사 등을 피하려 할 것이다.

올여름이나 올해 휴가를 떠난다면 좀 더 거리가 있더라도 보다 한적한 곳을 찾아 나설 것으로 보인다. 물론 모든 이들이 그러리라 볼수는 없겠지만 말이다.

우리가 보고자 하는 것은 한 명 한 명이 어떤 여행을 하려는지가 아니다. 인구 수준에서 사람들이 어떤 결정을 하는지를 보고 싶은 것이다. 일부 사람들 사이에서는 코로나19에 따른 변화를 환영할 수도 있고, 불편해할 수도 있지만, 전체 인구 면에서 행동의 변화가 나타날수 있다는 것이다. 적어도 당장은 코로나19의 두려움, 사회적 거리 두기의 규범, 재정적 우려 등이 더 앞서는 것으로 보이지만 말이다.

여행과 레저에 일어날 확실한 변화

코로나19의 영향은 여행 방식에 대한 사람들의 선호를 바꾸어 놓는 것을 넘어 서로 다른 시기 다양한 지역으로 바이러스가 유입되면서 도시에도 타격을 줄 것으로 보인다. 여러 지역에서 산발적으로 이동제한령, 여행 금지 조치, 자가 격리 명령들이 쏟아져 나오고 여행지마다 불확실성과 혼란은 가중될 것으로 보인다.

여행 제한 조치가 다음 달에는 뉴욕에서, 그다음 달에는 로스앤젤레스에서, 그다음 달에는 마이애미나 시카고에서 이뤄지는 것이다.

여기에 홈캉스의 경험이 더해지면 산발적인 여행 제한 조치나 코로나19 위험 지역에 대한 정책들은 어떤 결과를 가져올지가 더욱 불확실하다고 할 수 있다. 여행과 레저의 미래를 예측하는 것은 앞으로 보다 많은 사람이 재택근무를 할 것이라는 전망이나 학교 폐쇄와 외출 금지로 온라인 교육이 활성화하여 교육에 대한 사람들의 인식이 바뀔 것이라는 예측보다 훨씬 어렵다.

여행과 관련해서는 미래를 전망하기가 명확하지 않은 측면이 있다. 다양한 미래의 가능성을 열어두고 고려할 필요가 있다.

하지만 여행과 레저에서도 한두 가지 변화는 확실해 보인다.

먼저 여행과 레저는 일반적으로 가처분소득에서 빠져나가는 지출이다. 개인이나 기업이나 마찬가지다. 그 말인즉 여행과 레저에 들어가는 개인 또는 기업의 돈은 경기가 어려워지면 축소될 가능성이 있다는 것이다.

경기 악화로 현금 유동성이 약해지면 기업의 출장 부서는 자금 사용에 엄격해질 수 있다. 즉 코로나19의 두려움과 위험이 사라지면서 콘퍼런스 사업을 다시 추진한다고 해도 기업들은 직접적인 투자 수익률ROI 없이는 콘퍼런스에 돈 쓰는 일을 망설일 것이다.

관광 산업 일자리가 회복되지 못한다면 특히 여행업계는 암울한 전망이 예상된다. 설령 여행, 관광, 레저에 종사하는 인력들이 일자리를 되찾는다고 하더라도 항공사와 같은 여행 회사들은 여행객이 다시 늘어난 후에도 이윤이 감소할 수 있다.

결국 항공사들이 가장 이익을 내는 곳은 비즈니스석과 일등석의 승객들이나 이륙 직전 탑승하는 비즈니스 출장 승객들이다. 그렇기 때문에 비즈니스 여행객이 감소하면 항공사 수익률도 감소하게 된다.

수익성 있는 비즈니스 콘퍼런스 산업도 피해를 보기는 마찬가지다. 호텔 투숙객이 감소하면서 수익에 부정적 영향을 끼치게 된다.

전반적으로 개인과 기업 모두 적어도 향후 한두 해 동안은 여행과 레저와 같은 항목에는 필수 지출 항목이 아닌 이유로 돈 쓰기를 망설일 가능성이 크다.

대개 국제선의 비즈니스석은 수익성이 아주 높은 상품이다. 그래서 항공사들은 장거리 노선을 두고 경쟁을 벌인다. 하지만 최근 주식 시장의 급락이 개인의 자산 가치 역시 크게 떨어뜨린 것처럼 엄격한 여행 제한 조치로 비즈니스석의 수요 역시 떨어뜨릴 것이다.

물론 단기간에 국제선이 회복되길 기대할 수는 없다. 중기적인 회복을 기대하는 것이 좀 더 합리적이다.

국제선 이용의 리스크

코로나19 팬데믹으로 인해 국제선 사정이 상당히 어려움을 겪고 있다. 경영진들과 최근 나눈 대화에서 어느 시점에 해외 여행을 가는 것이 안전할지를 두고 논의를 했다. 예를 들어 유럽에 여행을 가려는데 언제가 가장 안전하겠느냐 하는 것이다.

우려되는 바라면 2주의 여행을 6주가 아닌 2주에 걸쳐 다녀올 수 있느냐 하는 점이었다.

유럽에 도착해서 2주간 자가 격리를 거치고 2주간 여행 후 귀국했을 때 다시금 2주간의 자가 격리 조치를 해야 한다면 2주간의 여행은 6주짜리가 되어 버리기 때문이다.

까딱하면 한 달이 넘어가고 심지어 더 오랜 기간이 걸릴 수도 있다. 효율성이라고는 찾을 수 없는 여행이 되어 버린다. 특히 업무 특성상 해외로 직접 출장을 다녀와야 하는 기업들의 경우 특히 문제가 된다.

우려가 되는 것은 해외 여행이 다시 정상화되기까지는 수개월 혹은 그 이상의 시간이 걸릴지 모른다는 사실이다. 앞으로는 코로나19 사태 때보다 국제선 여행 금지 조치가 훨씬 빠르게 취해질지 모른다.

크루즈선 이용의 리스크

크루즈선은 앞으로 상당한 금융 및 비즈니스 문제를 겪을 것으로 보인다. 이 같은 위험성은 일본 요코하마항에서 출발한 대형 크루즈, 다이아몬드 프린세스Diamond Princess호에서 코로나19 집단 감염 문제로 더욱 두드러졌다. 해당 사건은 코로나19 사태의 도화선이 되었다.

역사적으로 보면 다양한 질병이 유행할 때마다 유람선은 그 확산 과정에 꼭 빠지지 않는 경향이 있다. 일반적으로 크루즈는 가장 고급스러운 형태의 여행 수단이다. 수많은 목적지를 거쳐 가고, 그 안에는 음식도 포함되어 있다.

무엇보다 크루즈를 운행하는 비용은 천문학적으로 비싸다. 그 고가의 가치 때문에 최근 몇 년 동안 크루즈는 인기를 끌고 있다. 하지만 유람선 안 승객들은 문자 그대로 다닥다닥 붙은 숙소에서 묵는다. 밀접한 공간 탓에 팬데믹 형태의 감염을 야기할 위험성이 높다. 코로나19 사태 발생 초기에 다이아몬드 프린세스호에서 집단 감염이 일어난 이유다.

전망하건대 올해, 내년 그리고 잠정적으로 수년간 크루즈를 이용하려는 수요는 급격히 감소할 것이다.

이러한 수요 감소는 비단 줄어든 가계의 가처분소득 때문만이 아니라 코로나19 감염에 대한 우려와 사회적 거리 두기의 확산으로 인구 전체를 통틀어 총수요가 감소했기 때문이다.

장기적으로 일어나는 변화

여행에 코로나19가 미치는 또 한 가지 커다란 영향이 있다. 코로나19의 경험으로 일부 사람들은 비즈니스 출장 자체를 피하고자 직업을 완전히 바꾸는 경우도 생길 수 있다.

간단히 말해서 여행이 강제적으로 축소되면서 비즈니스 여행객들은 앞으로 여행하지 않아도 되는 커리어, 직업, 삶으로 조정해 갈 수 있는 것이다.

내 경우가 그랬는데 커리어와 일상 자체가 거의 이동과 여행의 연속이었다. 하지만 코로나19 팬데믹을 겪으며 업무를 보는 방식을 바꾸게 됐다.

업무 방식을 조정하면서 이동과 여행 빈도는 줄어들 것이다. 그리고 이러한 변화가 국민적인 움직임으로 나타난다면 전체적인 여행 수요가 감소할 것이다.

고수익의 비즈니스 여행객들이 전체적으로 항공편 이용을 줄이면 총 비행거리가 감소할 것이고 수익성 있는 기업 마일리지의 수 역시 줄어들 수 있다.

또한 코로나19 팬데믹의 여파로 재택근무와 원격 근무가 늘어날 것이고 이전처럼 면대면의 회의 대신 원격 콘퍼런스와 원격 회의가 증가할 것이다.

이것은 단순히 비용 절감의 문제가 아니다.

통근 시간이 줄어든 것도 마찬가지 이유에서다. 통근 시간이 줄면 지출하는 기름값이 줄어들게 된다. 하지만 더 중요한 것은 시간이 절약된다는 것이다. 회의를 위해 비행기를 타야 했던 것을 생각하면 시간 절약은 훨씬 더 크다.

비용이 가장 많이 들어가는 것은 비행기 티켓이 아니다. 사람들이 피하고자 하는 가장 큰 비용은 왕복으로 여행하는 시간과 출장길의 스트레스다.

이 글을 보고 '나는 여행을 너무 좋아하는데'라고 생각할지도 모르지만 비즈니스 출장은 여행이나 관광하러 가는 것과는 차원이 다른 문제다. 대부분 직장인이 해외 출장을 단순히 출퇴근길이라고 부르는 데에는 그만한 이유가 있다.

한 가지 말해 주자면 출근길은 하나도 재미가 없다.

여행에 대한 인식 자체가 바뀌다

앞으로 사람들이 어떻게 여행할지에 대해 몇 가지 중요한 변화들을 정리해 보자. 가장 중요한 변화는 여행 및 레저에 대한 수요가 현저히 감소하는 일이 아마 생각보다 가까운 시일 내에 나타날 것으로 보인다. 특히 가계의 가처분소득 및 기업의 사업 지출의 감소가 사회적 거리 두기 운동과 코로나19의 공포와 혼재될 때 뚜렷하게 드러날 것이다.

대부분의 비행기가 개인 공간을 충분히 갖추고 있지 않다. 그리고 어디든 여행을 떠나는 데 망설이지 않는 소수의 부류를 제외하면, 새로운 사회적 거리 두기와 코로나19에 대한 공포 때문에 항공편 수요의 감소는 상당 기간 계속될 것으로 보인다.

장기적으로는 사람들의 여행에 대한 인식이 사회적으로 변할 것이다. 여행에 대한 달라진 인식의 변화는 여행사에 부정적 영향을 가져올 것이다.

이러한 전망 속에서도 극단적인 반대의 경우로, 역마살이 낀 유랑자처럼 어디든 떠나고 싶어 하는 사람들도 있다. 특히 인구밀도가 높은 도심 속 아파트에 갇혀 답답해하며 어디든 밖으로 기어나가고 여행을 떠나고 싶은 사람이 있을 것이다.

이해를 못 하는 바는 아니지만 막상 여행하려고 해도 목적지로 갈 충분한 항공편을 즉각적으로 이용할 수 없어 해외여행을 떠나기보다는 짧은 기간 자동차 여행을 하는 것으로 그칠 공산이 크다. 물론 자동차를 끌고서라도 어디든 갈 곳은 있다.

17장

ESG와 지속가능성의 미래

활동가 투자자들의
요구가 증가한다

"활동가 투자자들에게는 다양한 목표가 있고 이들의 활동은 앞으로 좀 더 일반적인 현상
이 될 것이다. 그리고 금융 분야에서 이들의 역할은 점점 더 중요해질 것이다."

코로나19 팬데믹은 환경·사회·지배구조(ESG는 environment ·social·governance의 약자로 기업이 직원과 고객, 주주, 환경에 얼마나 기여하는지, 지배구조는 투명한지를 비재무적인 틀로 따지는 평가다-옮긴이)와 지속가능성을 중요시하는 활동가 투자자activist investor와 기업의 장기 전략 계획에 영향을 미칠 수 있다.

사람들이 코로나19 팬데믹의 영향과 시점을 가늠하기 위해 살펴본 가장 중요한 데이터 중 하나는 중국의 배출가스, 특히 이산화질소였다.

우한에서 코로나바이러스가 처음 확산하기 시작함에 따라 중국 정부는 대규모 집단 격리 조치를 시행했고 중국의 제조업은 공장 가동을 중단했다. 그리고 중단과 함께 배출가스 생성도 멈췄다.

내가 이 주제를 언급하는 이유는 환경·사회·지배구조 활동가 투자자들이 가파르게 성장하고 있기 때문이다. 2018년 미국과 전 세계적으로 활동가 투자자들의 요구는 기록적으로 높았다. 이는 각각 〈도표 17-1〉과 〈도표 17-2〉에서 확인할 수 있다.

2018년 활동가 투자자들이 가장 활발히 목표로 내건 분야로는 기후변화(19%), 지속가능성(13%), 기타 환경 이슈(7%), 정치적 활동(19%)이 있다.[1] 〈도표 17-3〉에서 그 세부 내역과 비중을 살펴볼 수 있다. 지속가능성을 기후변화나 다른 환경 결의안과 결이 같은 일종의 환경 운동이라 생각한다면 2018년 한 해 활동가 투자자들의 결의안 39%가 환경 분야였다.

한 가지 조심스러운 부분은 나는 이러한 결의안 자체를 두고 가치판단을 내리려는 것이 아니다. 단지 2018년 제기된 활동가 투자자들의 다양한 목표를 소개하고자 한다. 보다시피 이들에게는 다양한 목표가 있고 이들의 활동은 앞으로 좀 더 일반적인 현상이 될 것이다.

그리고 금융 분야에서 이들의 역할은 점점 더 중요해질 것이다.

간단히 말해 활동가 투자자란 회사의 거대 주주로서 이사회 의결권을 확보하여 회사 운영에 근본적인 변화를 일으키려는 개인 혹은 집단을 가리킨다.

이들의 활동은 매년 증가하는 추세다. 사실 활동가 투자자들에게 압박을 받는 기업은 2013년부터 2018년 사이 전 세계적으로 거의 54% 증가했다. 〈도표 17-1〉을 보면 잘 나타난다.

미국의 내부를 보더라도 상황은 비슷하다. 활동가 투자자들에게 압박을 받는 기업의 수는 2013년부터 50% 이상에 달한다. 〈도표 17-2〉가 이를 잘 보여 준다.

<도표 17-1> 활동가들이 변화를 요구하고 나선 글로벌 기업[2]

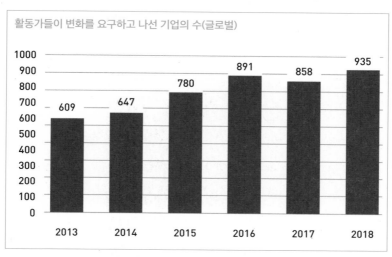

출처: 액티비스트 인사이트(Activist Insight), 퓨처리스트 인스티튜트

<도표 17-2> 활동가들이 변화를 요구하고 나선 미국 내 기업[3]

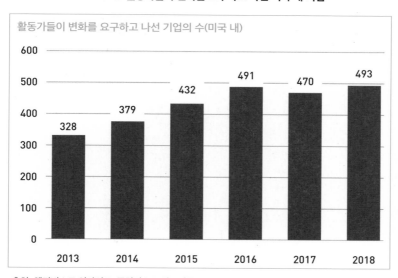

출처: 액티비스트 인사이트, 퓨쳐리스트 인스티튜트

금융의 미래를 보면서 나는 활동가들의 증가와 요구 분야 확대는 계속 커질 것으로 예상한다. 이로 인해 활동가들이 압력을 행사하는 기업의 수 역시 많아질 것이다.

경제학과 학생이라면 누구나 기업들이 종종 비용을 지불하지 않고 혜택을 얻지만 누군가는 그 비용을 지불해야 한다는 것을 안다. 구체적으로 파악하기는 어렵지만 사회 전반으로 전해지는 이러한 비용을 '외부효과externality'라고 한다. 여기에는 일반적으로 기업 운영이 환경에 미치는 부정적인 영향도 포함된다. 환경적 영향 외에도 노동이나 사회적·정치적 비효율성을 이용해 시세 차익을 내고 막대한 금융 이익을 얻고자 기회를 엿보는 행위 역시 포함할 수 있다.

<도표 17-3> 2018년 활동가들의 어젠다 종류[4]

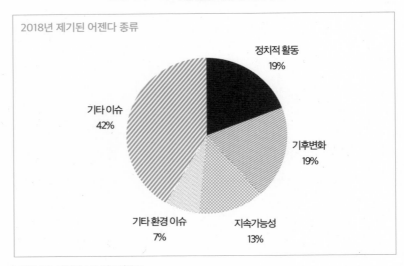

출처: Si2, 퓨처리스트 인스티튜트

따라서 기업에 외부효과에 대한 책임을 묻는다고 놀랄 일은 아니다. 결국 경제학의 가장 기초적인 원리 중 하나일 뿐이다.

기업 운영에 따른 외부효과에 대한 책임을 기업에 전적으로 묻는 것은 일부 기업의 경우 수익구조에 타격을 줄 수 있다. 그리고 이것은 시작에 불과하다. 나와 함께 일하는 에너지 분야 기업에 신용평가기관은 지속가능성의 목표가 채권 가격이나 가중평균자본비(weighted average cost of capital, WACC)에 영향을 미칠 수 있다고 경고하기 시작했다.[5] 이러한 경고는 수익구조, 전반적 평가, 신용 등급, 주식 가격 등에 모두 영향을 줄 수 있다.

기업에 대한 활동가들의 압력 증가

앞으로 기업들은 환경·사회·지배구조 및 지속가능성에 대한 성취 가능한 목표를 보여 줄 필요성이 커질 것이다. 그렇지 못하면 활동가 투자자들의 지배에 놓여 수익성과 주가에 피해를 볼 수 있다.

게다가 코로나19 팬데믹 위기가 지나면 활동가 투자자들이 제조업 생산라인 폐쇄, 재택근무, 온라인 수업, 여행 감소로 배출가스가 감소한 것을 기회 삼아 이를 어젠다로 내세우고 변화를 촉구하고 나설 수 있다.

기업에 압력을 행사하려는 이들의 특별한 활동에 대응하기 위해 환경친화적 기업이라는 것을 보여 주려면 아래보다 더 나은 방법은 없을 것이다.

- 사무실 직원들의 컴퓨터 소비 시간 줄이기
- 사무실의 에너지 소비 줄이기
- 항공기를 통해 기업의 국내외 출장이 발생시키는 제트 연료 수요 및 탄소 발자국 줄이기

일부 기업들에서 에너지 소비 감축 경험이나 정책을 추진해 갈 것으로 기대된다. 일부 활동가 투자자들은 이번 경험으로 탄소 배출 감량에 의지를 갖고 노력하면 탄소 배출을 줄일 수 있다는 믿음을 확인할 수 있었다.

설령 기업 운영 방식이 코로나19 팬데믹 사태가 터지기 이전으로 돌아간다고 하더라도 활동가 투자자들의 어젠다 개수는 점차 증가할 것이다. 그리고 여전히 지속가능성과 기후변화가 어젠다의 최우선순위에 오를 것으로 보인다.

다른 분야에서와 마찬가지로 코로나19는 환경·사회·지배구조 및 지속가능성에 대해 이미 존재했지만 아직 수행되지 않은 잠재력이 있음을 밝혀냈다. 이 경우 잠재력이란 에너지 소비를 줄이고 탄소 배출을 감량하는 것이다.

18장

스타트업의 미래

자금 조달 위기에 처한 스타트업

"적어도 향후 몇 년간 스타트업 기업들은 자금 확보에 매우 어려움을 겪을 가능성이 크다.
또한 수익과 현금 유동성이 성장보다 더 높은 우선순위가 될지 모른다."

스타트업 문화는 최근 경기 순환 주기 동안 폭발적으로 성장했다. 하지만 코로나19 팬데믹을 맞은 후로 스타트업 업계는 위기에 처해 있다. 스타트업이 처한 문제와 위기는 자금이 조달되는 방식이나 손해를 보고 운영하는 구조에서 비롯되며 상대적으로 기업의 규모가 작다는 것도 어려움 중 하나다.

먼저 스타트업은 일반적으로 개인적인 관계를 통해 투자를 받으며 이들 대부분이 엔젤투자자^{angel investor}(기술력은 있으나 자금이 부족한 창업 초기 벤처기업에 자금 지원과 경영 지도를 해주는 개인투자자-옮긴이)라고 불리는 부유한 투자자들이다. 하지만 부유한 투자자들 역시 주식시장의 하락과 위험성이 높아진 금융 시장 환경에 영향을 받기 마련이며 이들은 보통 사람들보다 시장 동향에 훨씬 더 민감하다. 그래서 최근 증시 하락과 경기 불확실성이 높아진 상황에서 많은 경우 민간 자금 조달이 둔화할 가능성이 크다.

다른 시장의 변동으로 인한 파급 효과로 투자 손실이 발생할 위험성 말고도 투자자가 이처럼 불확실한 시기에 투자의 평가기준표^{rubric}를 바꿀 가능성 역시 높다. 빠르게 성장하는 스타트업 기업에 문제가 될 수 있는 부분이다.

스타트업 스토리를 풍자한 〈실리콘밸리^{Silicon Valley}〉라는 미국 드라

마에서도 보여 주듯 더 많이 실패할수록 더 가치가 높아진다는 말을 비꼬기나 하듯 많은 농담이 쏟아진다. 핀테크^{FinTech} 스타트업 기업의 임원으로서 잠시나마 엔젤투자자로 활동했던 나는 이러한 스타트업의 생태와 사고방식이 절대적으로 만연하며 이는 무책임하고 분노할 만한 일이라고 생각한다.

금융업계에 종사한 배경이 있는 사람이라면 이러한 생각이 현실과는 정반대라고 느낄 것이다. 사적인 투자 유치를 방해하고자 하는 것이 아니다. 더 많이 실패해 본 기업일수록 기업의 가치가 높아진다는 말은 일말의 진실을 담고 있기도 하다. '금융의 미래' 장에 등장한 기업공개^{IPO} 데이터를 살펴보면 믿기 어렵지 않다.

이처럼 불확실한 시기에 공공 시장 투자자들은 기업의 대차대조표에서 현금을 먼저 찾아보고 기업의 재정 건전성과 가치를 긍정적인 현금 유동성의 신호로 보는 경우가 많다. 하지만 많은 스타트업이 그 반대다. 이는 현금 유동성이 마이너스이고 순손실을 보이는 스타트업 기업들은 지속 불가능한 상태에 가깝다는 것을 뜻한다.

이러한 비즈니스 모델은 케케묵은 옛날 방식이다. 우선순위가 성장에서 현금 흐름으로 바뀐 오늘날, 지난 5년을 지나오면서 스타트업 생태가 큰 위험에 처해 있는 것으로 보인다.

스타트업 업계는 이제 자금이 고갈되기 직전의 위험을 안고 있었고 손해를 보면서 기업 가치를 높였던 기업들의 비즈니스 모델을 재평가하려 한다. 여기서 한 가지 사실은 많은 스타트업이 다른 기업들처럼 '코로나경기부양법안'과 같은 구제금융을 받을 자격을 갖추지 못했을 가능성이 크다는 것이다.

많은 스타트업이 빌린 돈으로 빌린 돈을 갚으며 생존하고 있기 때문에 2조 3천억 달러 상당의 코로나경기부양법안에 중소기업청 (small business administration, SBA) 대출구제금융이 할당되어 있다지만 그 조건을 쉽게 맞출 수 있을 것 같지 않다.

다시 말해 자금이 머지않아 고갈될 것이고 정부의 구제금융조차 이러한 방식으로 운영되는 기업을 도울 수 없다.

물론 예외는 있을 수 있다.

의료 기술, 교육 기술, 전자 상거래, 국가 안보 분야의 스타트업들은 혼돈의 시기를 헤쳐 나갈 가능성이 크다. 이러한 기업들은 결정적인 해결책을 제공할 능력이 있어서 계속해서 자본을 유치할 수 있기 때문이다.

하지만 이러한 기업조차도 구제금융이 필요한 기업들이 있다. 불행히도 모든 기업이 혜택을 누리지는 못하기 때문에 몇몇 핵심 스타트업 기업들 역시 실패할지 모른다.

성장에서 수익으로 우선순위를 바꿔라

적어도 향후 몇 년간 스타트업 기업들은 자금 확보에 매우 어려움을 겪을 가능성이 크다. 특히 손실도 크고 현금 유동성이 낮거나 없는 기업일수록 어려움은 보다 클 것이다. 수많은 스타트업 기업들이 망하거나 스타트업 생태계 전체가 소멸할 위험 역시 있다. 마치 내가 사는 미국 텍사스주 오스틴과 같이 말이다. 그 여파는 앞으로 10년간 피부에 와닿을 것이다.

경기 순환 주기를 넘어서 생각하면 스타트업의 미래는 더 경직될 것 같다. 경직된다는 것이 나쁜 일은 아닐지도 모른다.

비즈니스 관점에서 기업이 수익을 통해 성장하길 바라겠지만 수익 대신 성장을 선택하는 것은 고민이 되는 지점이다. 그러나 앞으로는 수익과 현금 유동성이 성장보다 더 높은 우선순위가 될지 모른다.

물론 이는 혁신을 이루는 속도에 장애가 될 수 있고 그리하여 기업에 부정적인 영향을 미칠 수 있다. 또한 상당한 비용이 들 수도 있다. 하지만 우선순위를 조정할 때 좀 더 건강한 재정 비즈니스 모델로 이어질 것이다.

가까운 미래와 다가올 수년간 스타트업 기업들은 재정적으로 보다 건전할 필요가 있고 또 그렇다는 것을 증명해 보여야 한다.

코로나19 팬데믹이 지나간 후에 주식 시장이 상승하고 성장 수익률이 증가해도 마이너스 수익을 내는 기업들은 빠르게 수익을 보기 시작하는 기업에 계속 밀려날 수밖에 없다.

스타트업 생태계는 항상 그런 식이었고 이제는 그럴 가능성이 더 커졌다.

19장

불황의 미래

20년간 드리울
그림자

"우리는 팬데믹의 한가운데에 있다. 손실이나 위험성 속에서도 코로나19 팬데믹이 미래
에 미칠 잠재적 영향 중 긍정적인 측면이 있는지 살펴보자."

2001년 경기 불황에 휩싸인 후 나는 경제학자가 되었다. 과거에 나는 경제학자가 아니었다. 경제를 잘 몰랐기 때문에 지난날 입지가 좋지 못했다. 20여 년이 흐른 지금 나는 경제학자이자 금융 미래학자가 되었다. 내가 하는 일의 대부분은 금융 시스템을 분석하고 미래를 장기적으로 구성하는 요소들을 파악하는 것이다.

내 생각에 2001년 찾아온 경기 불황이 지난 20년 동안 내 인생에까지 그림자를 드리웠던 것 같다. 그리고 이제는 2020년에 찾아온 경기 불황을 보며 또 한 번 향후 20년간 드리울 그림자에 대해 생각하고 있다. 기본적으로 나는 코로나19 팬데믹의 경험으로 많은 사람이 의료 분야와 같이 경기 불황에 강한 산업들로 이동해 갈 것이라고 예상한다.

좀 더 깊이 있는 분석으로 들어가기에 앞서 나의 이야기를 나눠 보고자 한다.

내 인생의 멍청한 생각 두 가지

햇볕이 좋은 1999년 봄날이었다. 나는 버지니아대학에서 경제학 수업을 듣고 강의실을 막 걸어 나오고 있었다. 아름답고 역사적인 중앙 잔디$^{the\ Lawn}$ (캠퍼스 중앙에 위치한 잔디로 토머스 제퍼슨이 설계한 것으로 알려져 있다-옮긴이) 위로 떨어지는 햇살을 맞으며 한동안 서 있었다. 온 세상은 평안해 보였다. 당시 나는 학부 과정을 마칠 즈음이었고 노스캐롤라이나대학 채플힐캠퍼스의 독일어 석사 과정에 합격한 상태였다.

학비, 건강보험료, 생계비 등 모든 것을 지원받았다. 대학원생으로서 엄청난 규모의 혜택이었다. 게다가 비슷한 학위 프로그램에 있던 친구들은 모두 졸업하자마자 여섯 개 컨설팅 회사로 각자 자리를 잡았다. 당시는 닷컴버블이 최고조였던 시기로 미국 역사상 일자리 전망이 가장 좋았다. 나 역시 원하는 민간 부문 일자리를 쉽게 구할 수 있으리라 생각했다.

당시 나는 두 가지 선택지를 두고 어떻게 해야 할지 고민 중이었다. 난 학생인 것이 좋았다. 더 많은 것을 배우고 싶었다. 그렇다면 대학원에 진학하는 것이 더 맞는다고 생각했다. 한편 또 한 가지 머릿속에 든 생각은 경제가 이렇게 잘 풀린다면 한두 해가 지난 후에는 얼마나 찬란한 미래가 펼쳐질까 하는 것이었다. 그때쯤이면 난 석사 학위가 있을 테고 그러면 난 돈을 더 벌 수 있으리라 확신했다.

이게 내 인생의 첫 번째로 멍청한 생각이었다. 난 경제학자처럼 생각하지 못했다. 나는 경기 순환을 알지 못했고 해가 뜨고 나면 반드시 또 지기 마련이라는 것을 알지 못했다. 경제가 뒤통수를 치리라고는 생각도 못 하고 있었던 것이다.

180

나는 대학원에 등록했고 석사 학위를 받았다. 그리고 취업 시장에 들어갔을 때가 2001년 봄이었다. 그 2년이 만들어 놓은 차이가 모든 것을 바꾸었다.

2000년 가을만 해도 연봉이 1만 달러, 1만5천 달러, 심지어는 2만 5천 달러에 보너스까지 주던 회사들이 이제는 유행이 지났다는 듯 직원들을 해고했다.

나는 1999년이나 2000년에 기업으로부터 서면 제의를 받은 사람들을 만났고 그 후 기업에서는 1, 2년 동안 채용을 연기했다. 그리고 채용이 영구적으로 연기되면서 많은 이들이 실제로 그 일자리들을 얻지는 못했다.

"지금 괜찮으면 내일은 더 괜찮아질 거야!"

이것이 나의 두 번째 멍청한 생각이었다. 이것은 내가 비즈니스 경제학자가 되기 이전에 배웠던 교훈이고, 경제학자가 아닌 이들과 공유하는, 경제에 대한 가장 중요한 생각이기도 하다.

가장 멍청했던 생각은 "황소bull(황소의 뿔이 하늘을 향해 치켜들고 있다는 의미에서 상승 시세의 주식을 사는 사람을 일컫는 말이다-옮긴이)는 절대 뒤돌아보지 않는다."는 것이다. 1997년 7월 12일 스페인 팜플로나Pamplona에서 있었던 일이다. 자세한 이야기는 다음에 하기로 하겠다.

많은 이들이 황소는 절대 뒤돌아보지 않으리라는 믿음을 가지고 있다. 불황 속에서도 오르는 주식은 계속 오를 것이라고 믿는 것이다.

나 역시도 같은 생각을 했다.

"경제가 이렇게 잘 풀린다면 한두 해가 지난 후에는 얼마나 찬란한 미래가 펼쳐질까."

그렇게 생각한 사람은 나뿐만이 아니었다.

"직장 밖에서까지 네트워크를 쌓을 필요는 없어. 이 회사에는 날 위한 일자리가 항상 있을 거야."

"내 일에서만큼은 내가 전문가야. 추가 연수를 왜 받아야 하지? 내 일을 대체할 사람은 없을걸."

"회사가 여기저기에서 사람들을 해고하고 있어. 하지만 괜찮아. 난 없어선 안 될 인재거든. 나는 회사에 잘 박혀 있다가 불황이 지나갈 때까지 기다리면 돼."

많은 이들이 자기도 모르게 이러한 태도를 지니고 있는데, 슬픈 사실은 이런 태도로는 경기 하강기에 결코 안전하지 못했다는 것이다.

황소만을 믿고 있다가는 십중팔구 그 뿔에 받힐 것이다.

선택지를 가지는 것 자체가 게임의 룰이다. 경기 침체는 선택지를 빼앗기 때문에 새로운 선택지를 만들 궁리를 해야 한다. 개인적으로나 직업적으로나 그 피해를 최소화할 방법은 있다.

내가 그랬던 것처럼 경기 침체를 기회 삼아 커리어를 바꾸거나 교육을 더 받거나 직장에서 내 몸값을 올리거나 창업을 시도할 수도 있다.

코로나19가 드리운 20년의 그림자

경기 침체와 커리어 계획을 고려할 때 스스로 선택지를 넓히는 것이 중요하다.

2001년 경기 침체가 내 커리어 계발에 미친 장기적 영향은 반복될 것이다. 코로나19와 이에 따른 경기 침체로 젊은 세대 전체가 사태를 지켜보며 선택지를 넓히려 할 수 있다.

2001년 닷컴버블이 붕괴한 후 나는 경제학자가 되었지만 코로나19의 성격과 그 경제적 여파를 고려할 때 사람들은 보건 분야 일자리와 재택근무 일자리로 들어갈 가능성이 크다.

앞으로도 경기 침체가 반복되는 것을 볼 것이다. 경제가 경기 순환이라고 불리는 데에는 이유가 있는 법이다.

새로운 세상이 오고 있다

코로나19가 부른 인적 피해는 막대하다. 코로나19가 가져온 인명 피해, 질병의 고통, 경제적 피해는 재앙 그 이상이다.

모든 산업과 경제 분야에 단기적으로 미칠 부정적 영향은 향후 수년간 상당히 치명적일 것이다. 하지만 이러한 위기와 비극 속에서도 보건, 경제, 사회 전반에서 장기적으로는 긍정적인 면을 기대할 수 있을지도 모른다.

물론 어두운 시기에 긍정적인 면을 찾으면서 느끼는 것은, 팬데믹

없이 주어지는 의료, 경제, 사회, 개인의 혜택이야말로 결국 최상의
시나리오라는 사실이다. 하지만 현실은 그렇지 못하다.

우리는 팬데믹의 한가운데에 있다.

이러한 손실, 위험성, 비용을 염두에 두고 코로나19 팬데믹이 미래
에 미칠 잠재적 영향 중 긍정적인 측면이 있는지 살펴보자.

재택근무의 증가는 사람들의 업무 및 생활 방식에 물리적인 영향
을 미칠 것이다. 오랫동안 추세를 그리며 성장했는데 코로나19 팬데
믹은 재택근무 확산을 확 앞당긴 결정적 분기점이 되었다.

온라인 교육의 확대는 자신의 직업 및 직업 선택권과 미래의 잠재
적 소득을 포함하여 사람들의 업무 및 직장 생활에 실질적인 영향을
줄 수 있다. 학위나 인증 프로그램 수료처럼 대학 교육을 받는 사람
이 늘어날 전망이다. 게다가 홈스쿨링을 하는 학생의 수도 늘어나고
그렇게 되면 홈스쿨링이나 온라인 교육을 고려하지 않던 이들에게
기회가 될 수 있다.

의료 분야 쏠림 현상도 예측 가능하다. 교육, 투자 및 정책을 통해
전반적인 공중 보건 상황이 개선될 수 있다. 의료 및 보건 분야를 선
택하는 이들은 늘어날 것이다. 향후 의료기기 및 개인용 의료 보호구
의 공급 부족 위험성을 줄이기 위해 미국 내 의료 공급망을 정비하고
확보하려고 할 가능성이 크다. 게다가 우리는 코로나19 팬데믹으로
개인의 건강 상태에 대한 인식이 높아졌다. 이 같은 인식은 장기적으
로 변화를 가져올 것이다.

에너지 소비 및 탄소 배출 절감은 한동안 이어질 것으로 보인다. 경기 둔화, 재택근무, 사회적 거리 두기 등이 화석 연료 소비를 줄이기 때문이다. 그리고 이러한 변화가 기업이 지속 가능한 전략을 인식하고 추구하는 데에 장기적인 영향을 미칠 수도 있다.

부정적인 변화를 보자면 관광 산업과 레저 산업 등 수많은 산업이 결코 예전 같지 않을 것이다. 향후 몇 년 동안 코로나19 팬데믹으로 인한 수입 절감의 여파가 계속될 것이다. 그리고 사회적 거리 두기라는 새로운 사회적 규범이 여행과 레저 산업에 미칠 장기적인 영향이 있을 수 있다.

물론 장기적으로 가장 큰 부정적 여파라면 적자 지출과 국가 부채 증가를 보다 부추길 수 있다는 것이다. 그리고 연방준비제도가 아무런 재원도 없으면서 경제의 모든 것을 매입해 소유하는 소위 경제의 양자 상태에 슬금슬금 다가가고 있을 위험이 커지고 있다.

하지만 공중 보건, 교육, 경제에 있어서 분수령을 맞은 오늘날 한편으로 긍정적 영향 역시 기대할 수 있다.

어쨌거나 코로나19 팬데믹이 가져올 긍정적 혜택보다는 지불해야 할 비용이 너무나 크다. 인명 손실, 질병의 고통, 경색된 의료 시스템, 지역 및 산업 경제 파괴, 국가 부채의 증가 그리고 중앙은행 부담의 증가 등 다방면에서 비용이 너무 크다.

이제
무엇을 할 것인가

이 책을 쓴 주된 목적은 코로나19 팬데믹에 따른 장기적 영향 및 미래 변화에 대한 나의 견해를 공유하기 위해서다.

이 책에서 나는 코로나19의 잠재적 영향에 대한 가장 가능성 있는 시나리오를 몇 가지 제시했다. 또한 오랫동안 영향을 미치지만 아직 해답을 찾지 못한 질문들에 중점을 두었다. 물론 코로나19 상황이 빠르게 전개되고 있고, 그 전개 과정에 따라 책에서 제시한 많은 문제가 예상보다 급변하겠지만 어느 정도 해결을 찾을 수도 있다.

하지만 한 가지는 분명하다. 많은 산업, 기업, 개인, 경제가 부정적이든 긍정적이든 상당한 영향을 받을 것이라는 점이다. 변화된 상황에 맞게 업무를 처리하고, 교육의 접근성을 확대하고, 공급망을 보강하고, 식료품 및 위생용품의 공급 문제를 해소하고, 의료 서비스에 대한 향후 접근성을 보장하는 것과 같은 긍정적인 기회가 장기적으로 볼 때 존재한다. 다만 그런 미래가 오기까지 치러야 할 비용이 클 뿐이다.

미래는 불확실하다. 그렇기에 미래에 닥칠 다양한 잠정적 시나리오 중에서 가장 가능성 있는 것이 무엇인지 장기적인 추세를 보는 것이 중요하다. 그리고 미래를 전망할 때 예측을 구성하는 가정 중 위험 요소와 변화의 요인은 없는지 고려하는 일도 중요하다.

나는 이 책이 이 같은 목표를 이루는 데에 도움이 되었기를 바란다.

현재 제일 중요한 것이 무엇이냐고 묻는다면 자기 자신과 사랑하는 이들이 코로나의 피해로부터 안전할 수 있도록 주의하는 일일 것이다. 보건 전문가와 공중 보건 정책 당국이 강조한 대로 사회적 거리 두기가 중요하다.

이 위기 또한 지나가리라.

위기가 지나가고 나면 코로나19가 장기적으로 미칠 영향에 대한 계획을 세우는 것이 중요하다. 코로나19 팬데믹이 진행되는 동안 시행되었던 조치와 변화들이 영구적으로 지속될 수 있다는 사실을 받아들여야 한다.

그리고 금융 시장에 미칠 이차 혹은 삼차적인 영향과 경제적 악재에 대비하는 것이 아주 중요하다.

언젠가는 회복될 것이다. 위기의 시간을 지나며 회복은 찾아올 것이다. 위기의 시간을 지나며 기업의 회복을 도울 기회를 찾고 있거나, 변화에 적응할 방법을 찾고 구체적으로 커리어를 조정하려 한다면 우리는 회복을 앞당길 수 있다.

행운을 빈다!

제이슨 솅커

2020년 4월

더 읽을거리

  만일 이 책을 재밌게 읽고 대안 미래와 불확실한 미래를 전략적으로 계획하는 일에 대해 더 배워 보고 싶다면 퓨처리스트 인스티튜트 내 훈련 프로그램인 공인 미래학자 및 장기 분석가(certified futurist and long-term analyst, FLTATM)를 수강해 볼 것을 추천한다. 위 인증 프로그램의 목적은 분석가, 경영진, 전문관리자들이 새롭게 부상하는 트렌드와 기술을 장기적인 전략 계획에 통합할 수 있도록 돕는 것이다.

  위 공인 프로그램에는 컨설팅, 국가 안보, 재무 계획, 회계, 법률, 스탠더드로 총 여섯 가지 전문 트랙이 있다. 퓨처리스트 인스티튜트는 평생교육 교육 시수 제공 기관으로 국제공인재무설계사이사회certified financial planner board of standards의 인준을 받았다. 프로그램은 총 공인재무설계사CFP 평생교육으로 8.5시간 시수를 인정해 준다. 다른 평생교육 기관의 시수와도 연계될 수 있다. 프로그램 및 퓨처리스트 인스티튜트와 관련한 자세한 사항은 홈페이지를 참고하면 된다(www.futuristinstitute.org).

주

2장

1. Bureau of Labor Statistics. Retrieved on 2 April 2020 from https://www.bls.gov/ooh/most-new-jobs.htm

2. Bureau of Labor Statistics: Retrieved on 2 April 2020 from https://www.bls.gov/ooh/fastest-growing.htm

3. NBER, FRED, World Bank, Prestige Economics. (검색일 2017.2.17.)
   http://www.nber.org/chapters/c1567.pdf
   https://fraser.stlouisfed.org/files/docs/publications/frbslreview/rev_stls_198706.pdf
   http://databank.worldbank.org/data/reports.aspx?source=world-development-indicators#

4. U.S. Bureau of Labor Statistics, All Employees, Warehousing and Storage [CES4349300001] 출처는 FRED, Federal Reserve Bank of St. Louis; https://fred.stlouisfed.org/series/CES4349300001 (검색일 2020.4.1.)

3장

1. U.S. Bureau of Labor Statistics, Consumer Price Index for All Urban Consumers: All Items in U.S. City Average [CPIAUCSL]. 출처는 FRED, Federal Reserve Bank of St. Louis; https://fred.stlouisfed.org/series/CPIAUCSL (검색일 2020.4.1.)

   U.S. Bureau of Labor Statistics, Consumer Price Index for All Urban Consumers: Medical Care in U.S. City Average [CPIMEDSL]. 출처는 FRED, Federal Reserve Bank of St. Louis; https://fred.stlouisfed.org/series/

CPIMEDSL 검색일 2020.4.1.)

2. Ibid.

3. Department of Education. https://nces.ed.gov/programs/digest/d18/tables/dt18_206.10.asp (검색일 2020.4.2.)

4. Ibid.

5. Bureau of Labor Statistics. bls.gov/emp/education-pays-handout.pdf (검색일 2020.4.2.)

4장

1. "2017 State of Telecommuting in the U.S. Employee Workforce." Flexjobs. https://www.flexjobs.com/2017-State-of-Telecommuting-US. (검색일 2019.5.9.)

2. Ibid.

5장

1. Ritter, Jay R. (9 April 2019). "IPO Data." *Warrington College of Business*, University of Florida. Retrieved on 2 April 2020 from site.warrington.ufl.edu/ritter/ipo-data/.

2. Ibid.

3. Ibid.

4. Ibid.

5. "Household Debt and Credit." New York Federal Reserve Bank. 출처는 https://www.newyorkfed.org/medialibrary/interactives/householdcredit/data/pdf/HHDC_2019Q4.pdf (검색일 2020.4.2.)

6. Ibid.

6장

1. Federal Reserve. "The Federal Reserve's Monetary Policy Toolkit: Past, Present, and Future." 출처는 https://www.federalreserve.gov/newsevents/speech/yellen20160826a.htm

2. Board of Governors of the Federal Reserve System (US), Assets: Total Assets: Total Assets (Less Eliminations From Consolidation): Wednesday Level [WALCL]. 출처는 FRED, Federal Re-serve Bank of St. Louis; https://fred.stlouisfed.org/series/WALCL (검색일 2020.4.1.)

7장

1. Committee for a Responsible Federal Budget. "What's in the $2 Trillion Coronavirus Relief Pack-age?" 출처는 http://www.crfb.org/blogs/whats-2-trillion-coronavirus-relief-package. (검색일 2020.4.2.)

2. Bureau of Economic Analysis. "Gross Domestic Product , Fourth Quarter and Year 2019." 출처는 https://www.bea.gov/system/files/2020-02/gdp4q19_2nd_0.pdf. (검색일 2020.4.2.)

3. U.S. Department of the Treasury. Fiscal Service, Federal Debt: Total Public Debt [GFDEBTN]. 출처는 FRED, Federal Reserve Bank of St. Louis; https://fred.stlouisfed.org/series/GFDEBTN (검색일 2020.4.1.)

4. Ibid.

5. Federal Reserve Bank of St. Louis and U.S. Office of Management and Budget, Federal Debt: Total Public Debt as Percent of Gross Domestic Product [GFDEGDQ188S]. 출처는 FRED, Federal Reserve Bank of St. Louis; https://fred.stlouisfed.org/series/GFDEGDQ188S (검색일 2020.4.1.)

6. Desjardins, J. (6 August 2015). "$60 Trillion of World Debt in One Visualization." Visual Capital-ist. 출처는 http://www.visualcapitalist.com/60-trillion-of-world-debt-in-one-visualization/. (검색일 2017.2.11.)

7. Mayer, J. (18 November 2015). "The Social Security Façade." 출처는 http://www.usnews.com/opinion/economic-intelligence/2015/11/18/social-security-and-medicare-have-morphed-into-unsustainable-entitlements. (검색일 2017.2.11.)

8. U.S. Social Security Administration. "Social Security History: Otto von Bismarck." 출처는 https://www.ssa.gov/history/ottob.html.

9. Image provided courtesy of The Heritage Foundation. 출처는 http://thf_media.s3.amazonaws.com/infographics/2014/10/BG-eliminate-waste-control-spending-chart-3_HIGHRES.jpg. (검색일 2017.2.11.)

10. Twarog, S. (January 1997). "Heights and Living Standards in Germany, 1850-1939: The Case of Wurttemberg" as reprinted in *Health and Welfare During Industrialization*. Steckel, R. and F. Roderick, eds. Chicago: University of Chicago Press, p. 315. 출처는 http://www.nber.org/chapters/c7434.pdf. (검색일 2017.2.11.)

11. U.S. Social Security Administration. "Social Security History: Otto von Bismarck." 출처는 https://www.ssa.gov/history/ottob.html.

12. U.S. Social Security Administration. *Fast Facts and Figures About Social Security*, 2017, p. 8. 출처는 https://www.ssa.gov/policy/docs/chartbooks/fast_facts/. (검색일 2019.6.17.)

13. World Bank, Population Growth for the United States [SPPOPGROWUSA] 출처는 FRED, Federal Reserve Bank of St. Louis; https://fred.stlouisfed.org/series/SPPOPGROWUSA (검색일 2018.6.5.)

14. Last, J. (2013) *What to Expect, When No One's Expecting: America's Coming Demographic Disaster*. New York: Encounter Books, pp. 2-4.

15. Ibid., p. 3.

16. Last (2013), p. 109.

17. U.S. Social Security Administration. 출처는 https://www.ssa.gov/history/ratios.html Last (2013) also uses a similar table in his book on p. 108. (검색일

18. Last (2013), p. 107.

12장

1. 그레이엄 앨리슨(Graham Allison) 저서 *Destined for War: Can America and China Escape Thucydides's Trap?*(2017)에 나온 개념을 사용함.

14장

1. "The First American to Vote from Space." (8 November 2016). *The Atlantic.* https://www.theatlantic.com/science/archive/2016/11/voting-from-space/506960/
2. U.S. Bureau of Labor Statistics, Unemployment Rate [UNRATE] 출처는 FRED, Federal Reserve Bank of St. Louis; https://fred.stlouisfed.org/series/UNRATE (검색일 2020.4.1.)
3. Ibid.

15장

1. https://www.owllabs.com/state-of-remote-work/2019 (2020.1.12.)

17장

1. Welsh, H. (9 November 2018). "Social, Environmental & Sustainable Governance Shareholder Proposals in 2018." *Securities and Exchange Commission*, Sustainable Investments Institute. 출처는 www.sec.gov/com

ments/4-725/4725-4636528-176443.pdf. (검색일 2018.7.12.)

2. "Shareholder Activism in Q1 2019." (April 2019). *Reports*. Activist Insight. 출처는 www.activistinsight.com/research/ShareholderActivism_Q12019. pdf (검색일 2019.7.12.)

3. Ibid.

4. Welsh, H. (9 November 2018). "Social, Environmental & Sustainable Governance Shareholder Proposals in 2018." *Securities and Exchange Commission*, Sustainable Investments Institute. 출처는 www.sec.gov/com ments/4-725/4725-4636528-176443.pdf. (검색일 2019.7.12.)

5. "Exxon Board Targeted for Lack of ESG Oversight." (May 11, 2019). National Association of Corporate Directors. 출처는 https://tinyurl.com/ NACDExxon2019. (검색일 2019.7.12.)

나와 같은 미래학자들은 미래에 가장 중요한 지렛대, 동력, 변화 요인이 무엇인지
생각한다. 큰 위험 요인과 기회가 무엇인지 살피고 어떤 트렌드와
변하지 않는 기본 원칙들을 면밀히 조사한다.

코로나19 사태 그 자체에서는 긍정적인 구석을 찾을 수 없다.
그럼에도 장기적인 영향을 예측해 보면 비극적 팬데믹 사태와
잇따른 경제 위기 속에서도 가치 있고 긍정적인 요소를 발견해낼 수 있을지
모른다는 희망이 헛되지만은 않다.

코로나가 바꾼 현실은 이러한 식량에 대한 믿음을 뒤흔들어 놓았다.
이 믿음의 변화로 투자 가치가 있다고 생각하는 대상에도 큰 변화가 있을 것이다.

전 세계가 느슨하지만 공급망으로 연결되고 확장될 것이며,
느슨하게 연결된 공급망에 안정성을 확보하는 것이
단기적으로는 중요한 과제가 될 것이다.

코로나19 이후 미디어의 미래는 결코 낙관적이지 못하다.
국가적 정체성에 균열이 생길수록 미디어는 악의적으로 이용될 가능성이 커진다.